United **States** of

Stories, Maps, Activities

in

Spanish and English

Book 2

For Ages: 10 - Adult

Written by
Kathleen Fisher

Fisher Hill   Cerritos   California

Published by FISHER HILL
P.O. Box 320
Artesia, CA 90702-0320

Made in the U.S.A.

Publisher's Cataloging in Publication

Fisher, Kathleen S., 1952-
    United States of America stories, maps, activities, in Spanish and English. Book 2 / written by Kathleen Fisher.
        p. cm.
    Includes bibliographical references and index.
    "For ages 10-adult."
    ISBN: 1-878253-11-5

    1. United States--Miscellanea.   2. English language--Textbooks for foreign speakers--Spanish.   3. Spanish language--Textbooks for foreign speakers--English.   I. Title.

E156.F58 1997 v.2   973
                                            QBI96-20274

United States of America
Book 2

CONTENTS * MATERIAS

Introduction

This book was written to help students improve their literacy in English, Spanish, history, and geography. This is the second of a four book bilingual series about the United STATES of America. Each book will include stories, maps, and activities in Spanish and English. The books are for ages 10 to adult.

Each state is presented by a story, then a vocabulary and comprehension page, next a map with questions, and finally a chart, table, graph, or another type of activity which presents information to the reader. Most stories deal with a historic topic. The stories are about men, women, and children from different racial groups who have helped build this nation. The words and questions on the vocabulary and comprehension page are to be used in conjunction with the story. The map shows some of the major cities, rivers, and products of that state. The charts, tables, and graphs present information for students to read and use.

This series is intended to be fun and easy to use whether it is done by an individual or by a class. If done by a class, the author hopes students will help each other to do the readings and activities. At the end of the book is an answer key and index.

Introducción

Este libro es para ayudar a los estudiantes a mejorar sus conocimientos de inglés, español, historia y geografía. Éste es el segundo libro de una serie de cuatro libros bilingües sobre los ESTADOS Unidos de América. Cada libro incluye historias, mapas y actividades en inglés y español. Los libros son para niños desde los 10 años hasta adultos.

Cada estado se presenta por medio de una historia, seguida de una página de vocabulario y comprensión, luego un mapa con preguntas y al final un cuadro, una tabla, una gráfica, o algún tipo de actividad que presente información al lector. La mayoría de las historias tratan temas históricos y son sobre hombres, mujeres y niños de diferentes grupos raciales que han contribuido a formar esta nación. Las palabras y preguntas del vocabulario y la página de comprensión son para usarse junto con la historia. El mapa muestra algunas de las ciudades, los ríos y los productos principales de ese estado. Los cuadros, las tablas y las gráficas contienen información para que los estudiantes la lean y usen.

Es la intención que esta serie sea entretenida y fácil de usar, ya sea si se utiliza en forma individual o con toda la clase. Si se utiliza con toda la clase, el autor espera que los estudiantes se ayuden entre sí en las lecturas y actividades. Al final del libro está la clave de las respuestas y el índice.

Illinois

Tom lived in Chicago in 1871. He and his family lived in a one story wooden house with a cow stable, pig sty, and corn <u>crib</u> in the backyard. It was a Sunday evening in October. He and his family had walked home from church. His two boys had enjoyed kicking and jumping in the piles of windblown leaves that were <u>scattered</u> along the way. Chicago was suffering from a long <u>drought</u>. Tom had heard the fire bells often during the past months. Shortly after going to bed, Tom smelled smoke. He went outside and saw flames and smoke a couple of blocks away. Wooden homes, barns filled with hay, and <u>pine</u> fences acted as <u>kindling</u> to the fire that quickly spread through the neighborhood. Tom held tightly to his two young boys as they ran quickly down the crowded, panic-sticken streets through smoke, <u>cinders</u>, and sparks. As they ran, they saw large, brown rats that were driven out from under wooden sidewalks. Horses, scared by the heat, noise, and falling sparks, kicked and bit each other. He saw crying children who had been separated from their parents. It was a <u>nightmare</u>! The sounds were as scary as the sights. Tom heard the moaning of the wind, the roar of the <u>advancing</u> flames, the screams of the crowd, and the noise made by <u>collapsing</u> walls.

When the sun rose the next morning, Tom and his family were on the <u>prairie</u> west of the city with thirty thousand other people. Late Monday night, a cold drizzle began to fall. The fire had run its course, but the rain made certain it would not flare up again. After the fire, Tom stood in long food lines and spent each night looking for a safe, dry place for his family to sleep. They boiled their drinking water over campfires and fought off rats and wild dogs that invaded their camp on the prairie. Tom eventually got a new job as the city rebuilt in brick and iron after the Great Fire of Chicago.

Illinois

Tom vivía en Chicago en 1871. Él y su familia vivían en una casa de madera de un piso con un establo para vacas, una pocilga para cerdos y un granero para maíz en el patio trasero. Era un domingo de octubre por la noche. Él y su familia caminaron a su casa desde la iglesia. Sus dos hijos se habían divertido pateando y saltando en las pilas de hojas voladas por el viento que estaban esparcidas en el camino. Chicago sufría de una larga sequía. Tom había escuchado con frecuencia las campanas de incendio durante los últimos meses. Al poco tiempo de ir a la cama, Tom olió humo. Salió y vio llamas y humo a un par de cuadras de distancia. Las casas de madera, los pajares llenos de heno, y las cercas de pino actuaban como leña para el incendio que se propagaba rápidamente en el vecindario. Tom abrazó fuertemente a sus dos niños mientras corrían rápidamente por las calles llenas de gente despavorida a través del humo, cenizas y chispas. Mientras corrían, vieron ratas grandes y pardas que salían corriendo por debajo de las aceras de madera. Los caballos, asustados por el calor, el ruido y las chispas que caían, se pateaban y se mordían entre sí. Vio a niños que lloraban, separados de sus padres. ¡Era una pesadilla! Lo que se oía daba tanto miedo como lo que se veía. Tom escuchaba el gemido del viento, el rugido de las llamas avanzando, los gritos de la multitud, y el ruido que hacían los muros derrumbándose.

Cuando salió el sol a la mañana siguiente, Tom y su familia estaban en la pradera al oeste de la ciudad con otras treinta mil personas. Tarde en la noche del lunes, comenzó a caer una fría llovizna. El fuego ya había seguido su curso, pero la lluvia se aseguró de que no volviera a arder. Después del incendio, Tom hizo largas filas por comida y pasó todas las noches buscando un lugar seguro y seco para que su familia pudiera dormir. Hervían el agua para beber en hogueras y combatían a las ratas y a los perros salvajes que invadían su campamento en la pradera. Tom eventualmente consiguió un nuevo trabajo mientras se reconstruía la ciudad con ladrillo y acero después del gran incendio de Chicago.

Vocabulary and Comprehension

Match the words with similar meanings.

1.	advancing	spread out
2.	crib	wood
3.	scattered	falling
4.	drought	progressing
5.	kindling	bad dream
6.	pine	grassland
7.	cinders	lack of moisture
8.	collapsing	bin
9.	prairie	tinder
10.	nightmare	embers

Answer the following questions in complete sentences.

1. In what year was the Great Fire of Chicago?
2. What were three reasons why the fire spread so quickly?
3. Where were Tom and his family on Monday morning?
4. What happened Monday night that helped put out the fire?
5. After the fire, where did Tom and his family sleep?
6. What animals ran out from under the sidewalks during the fire?
7. In what month did the fire take place?
8. After the fire, did Chicago rebuild with wooden buildings?
9. On what day of the week did the fire begin?
10. What kind of weather was Chicago having before the fire?

Vocabulario y Comprensión

Haga corresponder las palabras con significados similares.

1. avanzando	extendidas
2. granero	madera
3. esparcidas	cayéndose
4. sequía	progresando
5. leña	mal sueño
6. pino	pastizal
7. cenizas	falta de humedad
8. derrumbándose	recipiente
9. pradera	yesca
10. pesadilla	brasas

Contesta las siguientes preguntas con frases completas.

1. ¿En qué año fue el gran incendio de Chicago?
2. ¿Cuáles fueron las tres razones por las que el fuego se extendió tan rápidamente?
3. ¿Dónde estaban Tom y su familia el lunes por la mañana?
4. ¿Qué sucedió el lunes por la noche que ayudó a apagar el fuego?
5. Después del incendio, ¿dónde dormían Tom y su familia?
6. ¿Qué animales salían corriendo por debajo de las aceras durante el incendio?
7. ¿En qué mes ocurrió el incendio?
8. Después del incendio, ¿se reconstruyó Chicago con edificios de madera?
9. ¿En qué día de la semana comenzó el incendio?
10. ¿Qué tipo de clima tenía Chicago antes del incendio?

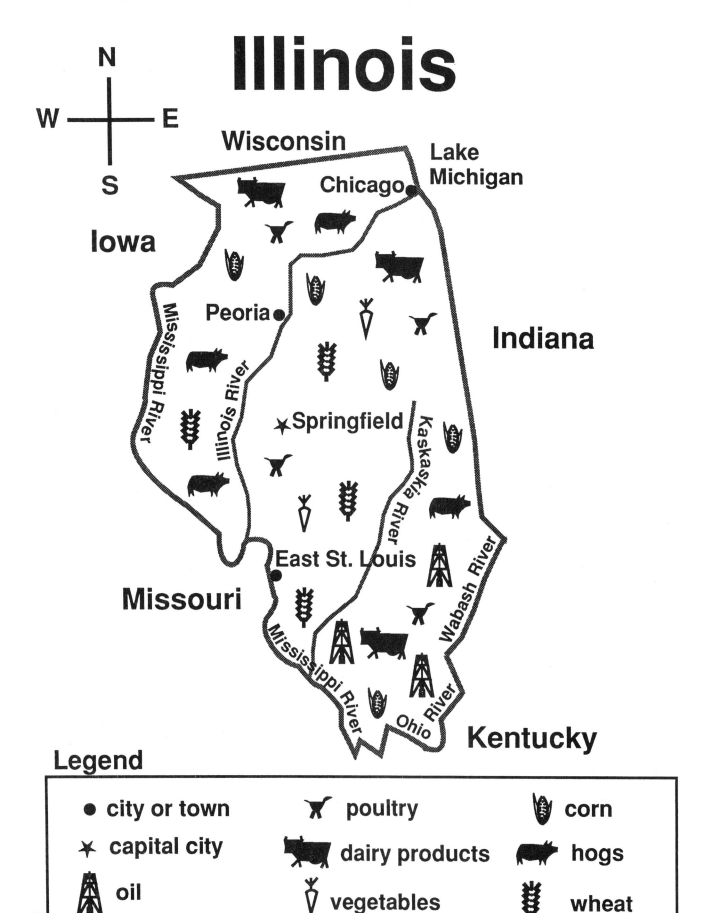

Illinois

N
W E
S

Wisconsin

Iowa

Chicago

Lake Michigan

Peoria

Indiana

Springfield

Mississippi River

Illinois River

Kaskaskia River

East St. Louis

Missouri

Wabash River

Mississippi River

Ohio River

Kentucky

Legend

- ● city or town
- ✶ capital city
- oil
- poultry
- dairy products
- vegetables
- corn
- hogs
- wheat

Illinois

N
O — E
S

Wisconsin

Lago Michigan

Chicago

Iowa

Peoria

Indiana

Río Mississippi

Río Illinois

Springfield

Río Kaskaskia

East St. Louis

Missouri

Río Wabash

Río Mississippi

Río Ohio

Río

Kentucky

Leyenda

● ciudad o pueblo	✗ aves de corral	maíz
★ capital	productos lácteos	cerdos
petróleo	vegetales	trigo

11

Map Work

Use the map of Illinois to answer the questions. Answer in complete sentences.

1. Is oil found in southern or northern Illinois?
2. What five states are Illinois' neighbors?
3. Chicago is next to which Great Lake?
4. How many rivers are borders for Illinois?
5. What is the capital of Illinois?
6. Tributaries are rivers or streams feeding into a larger river or stream. Name the three tributaries of the Mississippi River that are shown on the map.
7. Name the river that makes up the western border of Illinois.
8. What are three farm animals raised in Illinois?
9. What are three crops grown in Illinois?

Anachronisms

Anachronisms are persons or things that are chronologically out of place. Place an A in front of the sentences about Tom and the Great Fire of Chicago (1871) that are anachronisms.

1. _____ Tom and his family drove home in their new van.
2. _____ The children enjoyed riding their uncle's horses.
3. _____ Tom had smoke detectors in every room of his house.
4. _____ Arthur and Sam walked to school.
5. _____ Fire engine sirens could be heard throughout the city.
6. _____ Tom stopped at the ATM machine to get some money.
7. _____ The family went for a picnic on Sunday afternoons.
8. _____ Tom's children enjoyed running through the leaves in their designer tennis shoes.
9. _____ Tom and his family enjoyed watching TV.
10. _____ Tom's son boiled water in the microwave oven.

Tarea Con El Mapa

Usa el mapa de Illinois para contestar con frases completas las siguientes preguntas.

1. ¿Se encuentra petróleo al sur o al norte de Illinois?
2. ¿Cuales son los cinco estados vecinos de Illinois?
3. ¿Junto a cuál de los Grandes Lagos se encuentra Chicago?
4. ¿Cuántos ríos son límites de Illinois?
5. ¿Cuál es la capital de Illinois?
6. Los tributarios son ríos o arroyos que alimentan un río o arroyo más grande. Nombra los tres tributarios del río Mississippi que se muestran en el mapa.
7. Nombra el río que forma el límite oeste de Illinois.
8. ¿Cuáles son los tres animales de granja que se crían en Illinois?
9. ¿Cuáles son tres cultivos que hay en Illinois?

Anacronismos

Los anacronismos son personas o cosas que cronológicamente están fuera de lugar. Coloca una A al frente de las frases acerca de Tom y del gran incendio de Chicago (1871) que sean anacronismos.

1. _____ Tom y su familia se fueron a su casa en su nueva camioneta.
2. _____ A los niños les gustaba montar los caballos de su tío.
3. _____ Tom tenía detectores de humo en cada habitación de su casa.
4. _____ Arthur y Sam caminaban a la escuela.
5. _____ Las sirenas de los carros de bomberos se podían escuchar en toda la ciudad.
6. _____ Tom se detuvo en el cajero automático para sacar algo de dinero.
7. _____ La familia se iba de picnic los domingos por la tarde.
8. _____ Los niños de Tom disfrutaban correr por las hojas en sus zapatos tenis exclusivos.
9. _____ Tom y su familia disfrutaban viendo la televisión.
10. _____ El hijo de Tom hirvió agua en el horno de microondas.

Indiana

Eddie lives in Indianapolis. Every Memorial Day weekend, he and his dad go to the Indianapolis 500 Auto Race. It is held at the Indianapolis Motor Speedway. This race has taken place every year since 1911. The first race took the winner 6 hours and 42 minutes to finish the 500 mile race. He was <u>clocked</u> at a speed of 74.59 miles per hour or 119.34 kilometers per hour to win the prize money of $25,000.

Eddie loves the excitement of car racing. He likes watching the <u>sleek</u>, high powered racing cars charge down a straight-away at over 200 <u>mph</u> or 320 <u>km/h</u>. Indy cars are lightweight, highly <u>maneuverable</u>, and have powerful turbocharged engines that are able to <u>generate</u> around 800 <u>horsepower</u>.

Eddie always brings his <u>binoculars</u>. He likes to watch the mechanics work on the cars when the drivers make a pit stop. Eddie has seen mechanics change tires, listen to engines, or hand the driver a cold drink.

Time trials are held a week before the race to determine which cars get the best positions. The track is not wide enough for all cars to start the race side-by-side. Some racers have to start behind others. The driver with the fastest speed and time during the trials is awarded the top position which is the first row, closest to the inside of the track.

On the day of the race, Eddie and his dad, along with thousands of other <u>spectators</u> from all over the country, fill the <u>grandstand</u> to watch the colorful race cars speed around the 2 1/2-mile (4 kilometer) course. In 1996 the fastest speed clocked was 236.10 mph or 377.76 km/h and the race lasted 3 hours and 23 minutes. The winner won $1,367,854.

Indiana

Eddie vive en Indianapolis. Cada vez que llega el fin de semana del Memorial Day, él y su papá van a la carrera de carros Indianapolis 500. Se lleva a cabo en la Indianapolis Motor Speedway. Esta carrera se ha celebrado cada año desde 1911. En la primera carrera el ganador se tardó 6 horas y 42 minutos para terminar la carrera de 500 millas. Cronometró una velocidad de 74.59 millas por hora ó 119.34 kilómetros por hora para ganar el premio de $25,000.

A Eddie le encanta la emoción de la carrera de autos. Le gusta ver los carros de carreras, pulidos y de gran potencia, atacando una recta a más de 200 mph o 320 km/h. Los carros Indy son ligeros, muy maniobrables, y tienen poderosos motores turbocargados que son capaces de generar alrededor de 800 caballos de fuerza.

Eddie siempre lleva sus binoculares. Le gusta observar a los mecánicos trabajando en los carros cuando los conductores se detienen en el foso. Eddie ha visto a los mecánicos cambiando llantas, escuchando los motores, o dándole al conductor una bebida fría.

Las pruebas de tiempo se hacen una semana antes de la carrera para determinar los carros que obtienen las mejores posiciones. La pista no es lo suficiente ancha para que todos los carros inicien la carrera lado a lado. Algunos corredores tienen que comenzar detrás de otros. El conductor con la velocidad y el tiempo más rápidos durante las pruebas recibe como premio la primera posición, que es en la primera fila, la más cercana a la parte interior de la pista.

El día de la carrera, Eddie y su papá, junto con otros miles de espectadores de todo el país, llenan la tribuna para observar los coloridos autos de carreras dando vueltas alrededor de la pista de 2 1/2 millas (4 kilómetros). En 1996, la velocidad más rápida cronometrada fue 236.10 mph o 377.76 km/h y la carrera duró 3 horas y 23 minutos. El ganador recibió $1,367,854.

Vocabulary and Comprehension

Match the words with similar meanings.

1.	clocked	kilometers per hour
2.	sleek	turns easily
3.	mph	audience
4.	km/h	registered speed
5.	horsepower	bleachers
6.	generate	produce
7.	binoculars	smooth and glossy
8.	spectators	field glasses
9.	grandstand	miles per hour
10.	maneuverable	the power that a horse exerts in pulling

Answer the following questions in complete sentences.

1. What does Eddie always bring to the race?
2. Where does Eddie live?
3. Where do Eddie and his dad go every Memorial Day weekend?
4. How much horsepower can a race car engine generate?
5. How many miles is the course?
6. How many miles is the race?
7. When was the first Indy 500?
8. How is the starting position of the cars determined?
9. Which starting position is the best?
10. Fill in the table.

Race	Winning Time	Top Speed	1st Place Prize Money
1911 Indy 500			
1996 Indy 500			

Vocabulario y Comprensión

Haga corresponder las palabras con significados similares.

1. cronometró	kilómetros por hora
2. pulidos	da vuelta fácilmente
3. mph	público
4. km/h	velocidad registrada
5. caballos de fuerza	gradería
6. generar	producir
7. binoculares	lisos y brillantes
8. espectadores	lentes de campo
9. tribuna	millas por hora
10. maniobrable	la potencia que ejerce un caballo al jalar

Contesta las siguientes preguntas con frases completas.

1. ¿Qué lleva Eddie siempre a la carrera?
2. ¿Dónde vive Eddie?
3. ¿A dónde van Eddie y su papá cada fin de semana del Memorial Day?
4. ¿Cuántos caballos de fuerza puede generar el motor de un carro de carreras?
5. ¿Cuántas millas tiene la pista?
6. ¿De cuántas millas es la carrera?
7. ¿Cuándo fue la primera Indy 500?
8. ¿Cómo se determina la posición de arranque de los carros?
9. ¿Cuál posición de arranque es la mejor?
10. Llena la tabla.

Carrera	Tiempo para ganar	Velocidad máxima	Dinero del premio para el 1er lugar
Indy 500 de 1911	74.59		
Indy 500 de 1996			

Indiana

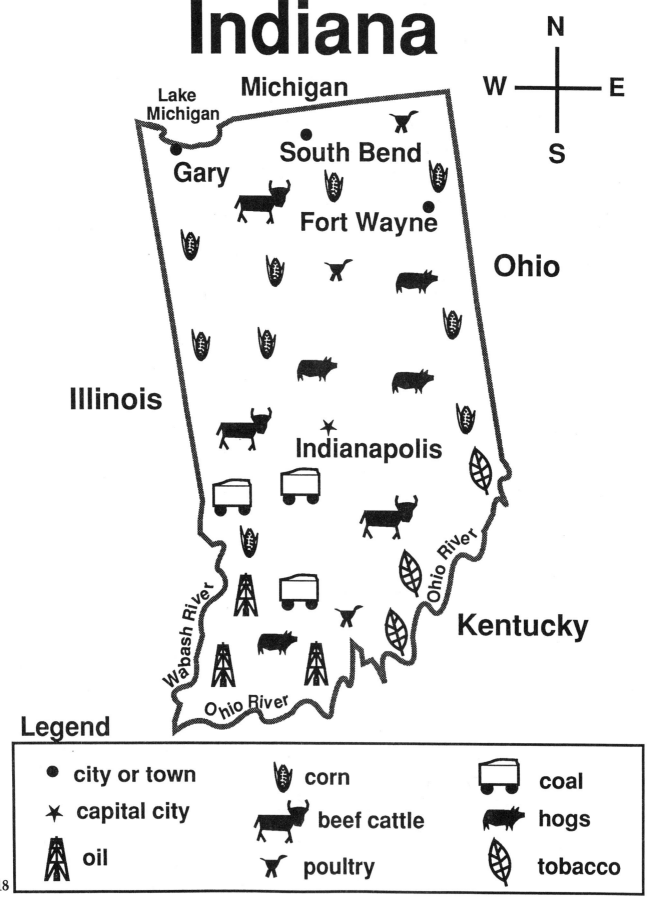

Michigan

Lake Michigan

Gary

South Bend

Fort Wayne

Ohio

Illinois

Indianapolis

Wabash River

Ohio River

Ohio River

Kentucky

N
W   E
S

Legend

- • city or town
- ⋆ capital city
- oil
- corn
- beef cattle
- poultry
- coal
- hogs
- tobacco

Indiana

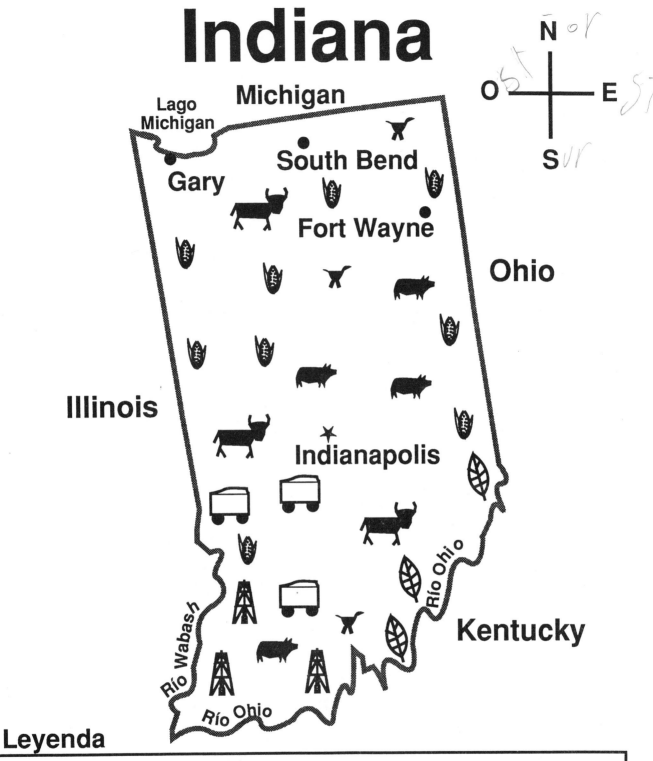

Michigan

Lago Michigan

Gary

South Bend

Fort Wayne

Ohio

Illinois

Indianapolis

Río Wabash

Río Ohio

Río Ohio

Kentucky

N or
O st
E st
S ur

Leyenda

- ● ciudad o pueblo
- ✷ capital
- 🛢 petróleo
- 🌽 maíz
- 🐂 ganado vacuno
- 🦃 aves de corral
- 🚃 carbón
- 🐖 cerdos
- 🍃 tabaco

19

Map Work

Use the map of Indiana to answer the questions. Answer in complete sentences.

1. What is the capital of Indiana?
2. What plant is grown along the Ohio River?
3. What are two minerals found in Indiana?
4. What are three farm animals raised in Indiana?
5. What river makes up Indiana's southern border?
6. What four states are Indiana's neighbors?
7. Which city is next to Lake Michigan?
8. What food is grown in Indiana that is eaten by both people and animals?

Concept Tree

Use the concept tree about cars to answer the following questions. Answer in complete sentences.

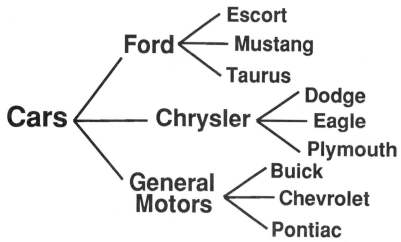

1. Name the three major American car manufacturers.
2. Name three cars made by Chrysler.
3. GM is the abbreviation for which car company?
4. Who makes the Mustang?
5. Who makes Chevrolet?
6. Who makes the car you or your family owns? Is it American made?

Tarea Con El Mapa

Usa el mapa de Indiana para contestar con frases completas las siguientes preguntas.

1. ¿Cuál es la capital de Indiana?
2. ¿Qué planta crece alrededor del río Ohio?
3. ¿Cuáles son los dos minerales que se encontraron en Indiana?
4. ¿Cuáles son los tres animales de granja que se crían en Indiana?
5. ¿Qué río forma el límite sur de Indiana?
6. ¿Cuales son los cuatro estados vecinos de Indiana?
7. ¿Qué ciudad se encuentra junto al Lago Michigan?
8. ¿Qué alimento crece en Indiana que come tanto la gente como los animales?

Árbol de conceptos

Utiliza el árbol de conceptos acerca de los carros para contestar con frases completas las siguientes preguntas.

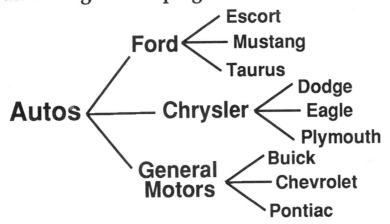

1. Nombra los tres principales fabricantes de carros americanos.
2. Nombra tres carros fabricados por Chrysler.
3. ¿De qué compañía de carros es la abreviatura GM?
4. ¿Quién fabrica el Mustang?
5. ¿Quién fabrica los Chevrolet?
6. ¿Quién fabrica el carro que tienen en tu familia? ¿Es americano?

Iowa

Susan loves visiting her grandparents' farm. Each summer she and her family visit for a <u>couple</u> of weeks. Her mother grew up on this farm near Fairfield, Iowa.

Her grandparents' farm is 360 <u>acres</u>. They grow corn, soybeans, hay, and oats. They raise hogs, sheep, chickens, and cattle. Her grandparents also have a couple of <u>dairy</u> cows and several cats and dogs.

Susan's Uncle Paul also lives on the farm. Susan and her sister Ann love to do <u>chores</u> with their uncle. They help feed the animals. Susan especially likes the pigs. She thinks it's funny that her uncle plays music in the pigpen when there are piglets. He says the music calms the pigs. Susan enjoys gathering the eggs from the chicken coops. She is not very good at milking the cows. She wishes she could be at the farm in the spring when the <u>lambs</u> are born. Sometimes her grandmother feeds one with a baby bottle.

There is a large <u>silo</u> next to the barn where <u>silage</u> is stored. Most of the corn grown on the farm is used to feed <u>livestock</u>, but there is one field of sweet corn. Her favorite meal on the farm is fried chicken, mashed potatoes, fresh sweet corn, and homemade ice cream. No one makes ice cream like her grandpa. Susan has watched him <u>skim</u> the cream off fresh milk to use in the ice cream. There is nothing smoother or creamier than his homemade ice cream!

Life on the farm is hard work. Sometimes <u>crops</u> can be damaged or lost because of severe storms, droughts, or diseases.

Iowa

A Susan le encanta visitar la granja de sus abuelos. Cada verano ella y su familia la visitan por un par de semanas. Su madre creció en esta granja cerca de Fairfield, Iowa.

La granja de sus abuelos tiene 360 acres. Cultivan maíz, soya, heno y avena. Crían cerdos, ovejas, pollos y vacas. Sus abuelos también tiene un par de vacas lecheras y varios perros y gatos.

En la granja también vive Paul, el tío de Susan. A Susan y a su hermana Ann les encanta hacer los quehaceres con su tío. Le ayudan a alimentar a los animales. A Susan le gustan en especial los cerdos. A ella le parece chistoso que Paul toque música en la pocilga cuando hay cerditos. Su tío dice que la música tranquiliza a los cerdos. A Susan le gusta recoger los huevos de los corrales de los pollos. No es muy buena para ordeñar las vacas. Le gustaría estar en la granja en la primavera, cuando nacen los corderos. A veces su abuela alimenta alguno de ellos con un biberón.

Hay un silo muy grande junto al granero donde se almacena el forraje. La mayor parte del maíz que se cultiva en la granja se utiliza para alimentar al ganado, pero hay un campo de maíz tierno. Su comida favorita en la granja es el pollo frito, puré de papa, maíz dulce fresco, y helado hecho en casa. Nadie hace el helado como su abuelo. Susan ha visto la manera como desnata la crema de la leche fresca para usarla en el helado. ¡No hay nada más suave o más cremoso que su helado hecho en casa!

La vida en la granja es trabajo duro. A veces los cultivos se pueden dañar o perder por tormentas, inundaciones, sequías, o enfermedades severas.

Vocabulary and Comprehension

Match the words with similar meanings.

1.	couple	measures of land
2.	acres	take off floating layer
3.	dairy	farm animals
4.	crops	coarse food for cattle, horse, or sheep
5.	chores	baby sheep
6.	silage	two
7.	lambs	milk producing
8.	livestock	jobs
9.	silo	a tall cylinder used for making and storing silage
10.	skim	plants that can be harvested

Answer the following questions in complete sentences.

1. What crops are grown on Susan's grandparents' farm?
2. What is most of the corn grown on the farm used for?
3. Where is Susan's grandparents' farm located?
4. What are two chores Susan and her sister do on the farm?
5. How large is the farm?
6. Name the animals on the farm.
7. Why does Susan wish she could visit the farm in the spring?
8. Why is Susan's grandfather's ice cream so smooth and creamy?
9. What is the purpose of a silo?
10. How are crops sometimes damaged or destroyed?

Vocabulario y Comprensión

Haga corresponder las palabras con significados similares.

1. par	medidas de superficie
2. acres	quitar la capa flotante
3. lecheras	animales de granja
4. cultivos	alimento ordinario para vacas, caballos u ovejas
5. quehaceres	ovejas bebés
6. forraje	dos
7. corderos	productoras de leche
8. ganado	trabajos
9. silo	un cilindro alto que se usa para almacenar el ensilaje
10. desnata	plantas que se pueden cosechar

Contesta las siguientes preguntas con frases completas.

1. ¿Qué se cultiva en la granja de los abuelos de Susan?
2. ¿Para qué se usa la mayor parte del maíz que se cultiva en la granja?
3. ¿Dónde se localiza la granja de los abuelos de Susan?
4. ¿Qué quehaceres hacen en la granja Susan y su hermana?
5. ¿Qué tan grande es la granja?
6. Menciona los animales que hay en la granja.
7. ¿Por qué a Susan le gustaría visitar la granja en la primavera?
8. ¿Por qué el helado del abuelo de Susan es tan suave y cremoso?
9. ¿Para qué sirve un silo?
10. ¿Cómo se dañan o destruyen a veces los cultivos?

Iowa

Minnesota

Wisconsin

Mississippi River

SD

Big Sioux River

Waterloo

Cedar Rapids

Davenport

Sioux City

Des Moines

Fairfield

Nebraska

Missouri River

Des Moines River

Mississippi River

Illinois

Missouri

Legend

- ● city or town
- ✶ capital city
- 〰 hay
- 🦃 poultry
- coal
- 🐑 sheep
- 🌽 corn
- 🐖 hogs

SD - South Dakota

26

Iowa

N
O · E
S

Minnesota

Wisconsin

Río Mississippi

SD

Río Big Sioux

Waterloo

Cedar Rapids

Davenport

Río Mississippi

Sioux City

Des Moines

Fairfield

Nebraska

Río Missouri

Río Des Moines

Illinois

Missouri

Leyenda

- ● ciudad o pueblo
- ✶ capital
- 〰 heno

✗ aves de corral
🚃 carbón
SD - Dakota del Sur

🌽 maíz
🐑 ovejas
🐖 cerdos

27

Map Work

Use the map of Iowa to answer the questions. Answer in complete sentences.

1. Which city is next to the Mississippi River?
2. What name is both a city and a river in Iowa?
3. What six states are Iowa's neighbors?
4. What two farm crops grown in Iowa are used to feed animals?
5. What river runs along Iowa's eastern border?
6. What are three farm animals raised in Iowa?
7. What is the capital of Iowa?
8. What mineral is found in Iowa?
9. Name the two rivers that make up Iowa's western border.

Column Graph
Farm Animals

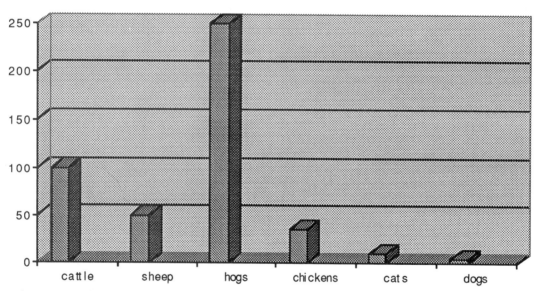

Use the graph to answer questions about Susan's grandparents' farm. Answer in complete sentences.

1. How many sheep are on the farm?
2. The farm has 100 of which animal?
3. They have the most of which animal?
4. Which three animals do they have less than fifty of each?
5. Do they have more cats or dogs?

Tarea Con El Mapa

Usa el mapa de Iowa para contestar con frases completas las siguientes preguntas.

1. ¿Qué ciudad se encuentra junto al Río Mississippi?
2. ¿Qué nombre tiene una ciudad y un río en Iowa?
3. ¿Cuales son los seis estados vecinos de Iowa?
4. Nombra dos cultivos de granja que crecen en Iowa y que se utilizan para alimentar animales.
5. ¿Qué río corre a lo largo del límite este de Iowa?
6. ¿Cuáles son los tres animales de granja que se crían en Iowa?
7. ¿Cuál es la capital de Iowa?
8. ¿Qué mineral que se encontró en Iowa?
9. Nombra los dos ríos que forman el límite oeste de Iowa.

Gráfica de barras
Animales de granja

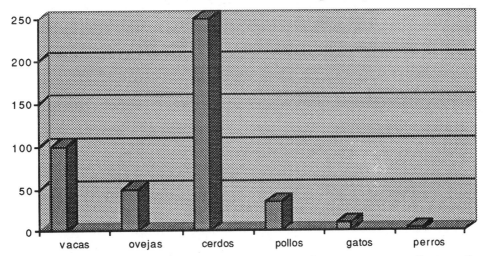

Utiliza la gráfica para contestar con frases completas las preguntas acerca de la granja de los abuelos de Susan.

1. ¿Cuántas ovejas hay en la granja?
2. ¿La granja tiene 100 de qué animales?
3. ¿De cuáles animales tienen más?
4. ¿De cuáles tres animales tienen menos de cincuenta cada uno?
5. ¿Tienen más gatos o más perros?

Kansas

In 1854, Becky and her family moved to Kansas. They started a farm near Lawrence, Kansas. She and her family did not believe in slavery, but many people who were moving to Kansas were proslavery. With the passage of the Kansas-Nebraska Act in 1854, Congress allowed the residents in a territory to decide whether their state would enter the Union as a free or slave state.

Becky and her family wanted to live peacefully on their farm, but were often frightened when they heard distant hoofbeats or saw clouds of dust on the nearby road. She knew several people who had been killed or had property destroyed by proslavery mobs. John Brown, the famous abolitionist, came to Kansas and led raids against settlers suspected of proslavery beliefs. It was a bloody time as the two groups fought for control of the territory. Kansas became known as "bleeding Kansas." The free-state settlers had become the more dominant group by the time Kansas was admitted to the Union as the 34th state in 1861.

Becky's two older brothers left the farm in 1862 to fight in the Civil War. One summer day in 1863, the remaining family members heard that William Quantrill, a captain in the Confederate army, was in the area. They knew the confederates were nearby when they heard hoofbeats. They were afraid their father would be killed, so they quickly rolled him up in a carpet and put him in a wagon with other supplies. Shortly after, Quantrill's band galloped into their yard and demanded food. Becky and her mother fed the soldiers while her little brother brought water to them. After eating, the soldiers left as quickly as they had arrived. Fortunately for Becky and her family, their property and lives had not been hurt. They heard later that Quantrill and his men had raided Lawrence, killing 150 people.

Kansas

En 1854, Becky y su familia se mudaron a Kansas. Establecieron una granja cerca de Lawrence, Kansas. Ella y su familia no creían en la esclavitud, pero mucha gente que se mudaba a Kansas era pro-esclavista. Con la aprobación de la Ley Kansas-Nebraska de 1854, el Congreso permitió que los residentes de un territorio decidieran si su estado entraría a la Unión como un estado libre o de esclavos.

Becky y su familia querían vivir en paz en su granja, pero a menudo se asustaban cuando escuchaban ruidos distantes de cascos de caballo o cuando veían nubes de polvo en el camino cercano. Ella había conocido a varias personas que habían sido muertas o que sus propiedades habían sido destruidas por turbas pro-esclavistas. John Brown, el famoso abolicionista, llegó a Kansas y dirigió ataques sorpresivos contra los residentes sospechosos de creencias pro-esclavistas. Fue una época sangrienta mientras los dos grupos peleaban por el control del territorio. A Kansas se le llegó a conocer como la "sangrienta Kansas". Los residentes del estado libre se convirtieron en el grupo dominante para la época en que Kansas fue admitida en la Unión como el estado 34, en 1861.

Los dos hermanos mayores de Becky dejaron la granja en 1862 para pelear en la Guerra Civil. Un día de verano de 1863, el resto de la familia escuchó que William Quantrill, un capitán del ejército Confederado, estaba en el área. Ellos sabían que los confederados se acercaban cuando escucharon ruidos de cascos de caballo. Tenían miedo de que mataran a su padre, así que rápidamente lo enrollaron en un tapete y lo pusieron en un carro con otras cosas. Poco después, la banda de Quantrill entró galopando en su patio y exigió comida. Becky y su madre alimentaron a los soldados mientras su hermanito les llevaba agua. Después de comer, los soldados se fueron tan rápidamente como habían llegado. Afortunadamente para Becky y su familia, su propiedad y sus vidas no fueron lastimadas. Después escucharon que Quantrill y sus hombres habían atacado Lawrence, matando a 150 personas.

Vocabulary and Comprehension

Match the words with similar meanings.

1.	proslavery	gangs
2.	territory	against slavery
3.	mobs	land and possessions
4.	distant	area
5.	abolitionist	attacked
6.	property	rug
7.	dominant	far away
8.	raided	in favor of slavery
9.	carpet	controlling
10.	confederates	supporters of the southern states during the Civil War

Answer the following questions in complete sentences.

1. Why did Kansas become known as "bleeding Kansas"?
2. Did Kansas enter the Union as a free or slave state?
3. What was the Kansas-Nebraska Act?
4. Where did Becky's two older brothers go in 1862?
5. What was the name of the confederate captain that raided Lawrence, Kansas in 1863?
6. If a person was proslavery, was he or she for or against slavery?
7. Were abolitionists for or against slavery?
8. When did Becky and her family move to Kansas?
9. Where did they start their farm?
10. Who was the famous abolitionist that led raids in Kansas?

Vocabulario y Comprensión

Haga corresponder las palabras con significados similares.

1. pro-esclavista	pandillas
2. territorio	contra la esclavitud
3. turbas	tierra y posesiones
4. distantes	área
5. abolicionista	asaltado
6. propiedades	alfombra
7. dominante	lejanas
8. atacado	a favor de la esclavitud
9. tapete	controlador
10. confederados	apoyadores de los estados del sur durante la Guerra Civil

Contesta las siguientes preguntas con frases completas.

1. ¿Por qué a Kansas se le llegó a conocer como el "sangriento Kansas"?
2. ¿Kansas entró a la Unión como un estado libre o esclavista?
3. ¿Cuál fue la Ley Kansas-Nebraska?
4. ¿A dónde fueron los dos hermanos mayores de Becky en 1862?
5. ¿Cómo se llamaba el capitán confederado que atacó Lawrence, Kansas, en 1863?
6. Si una persona era pro-esclavista, ¿estaba a favor o en contra de la esclavitud?
7. ¿Los abolicionistas estaban a favor o en contra de la esclavitud?
8. ¿Cuándo se mudaron Becky y su familia a Kansas?
9. ¿Dónde establecieron su granja?
10. ¿Quién fue el famoso abolicionista que dirigió ataques en Kansas?

Kansas

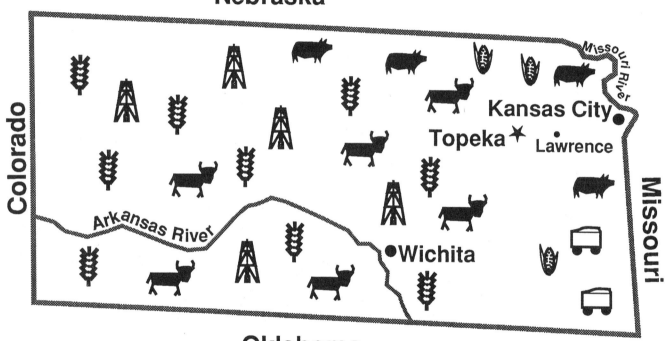

Nebraska

Colorado

Missouri River

Kansas City

Topeka ✷   Lawrence

Arkansas River

●Wichita

Missouri

Oklahoma

Legend

● city or town		coal	wheat
✷ capital city			corn
oil		beef cattle	hogs

Kansas

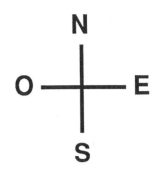

Nebraska

Colorado

Río Missouri

Kansas City

Topeka

Lawrence

Río Arkansas

Wichita

Missouri

Oklahoma

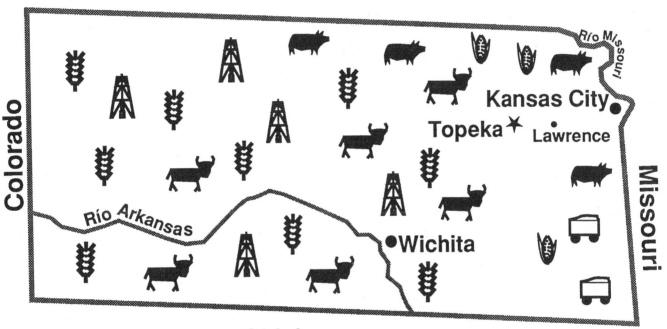

Leyenda

- ● ciudad o pueblo
- ✶ capital
- ⛏ petróleo
- 🚃 carbón
- 🐄 ganado vacuno
- 🌾 trigo
- 🌽 maíz
- 🐖 cerdos

35

Map Work

Use the map of Kansas to answer the questions. Answer in complete sentences.

1. Looking at the map, why do you think Kansas has the nickname as the *Breadbasket of America*?
2. Is Lawrence east or west of Topeka?
3. What are two minerals found in Kansas?
4. What four states are Kansas' neighbors?
5. Name two farm crops grown in Kansas.
6. What are two livestock animals raised in Kansas?
7. Name the river that is east of Kansas City, Kansas.
8. What is the capital of Kansas?
9. Name the river that runs through western Kansas.
10. Is more wheat grown in eastern or western Kansas?

The Civil War

States and Territories that fought for the Union			States that fought for the Confederacy
California	*Maryland	Rhode Island	*Alabama
Connecticut	Michigan	Vermont	*Arkansas
*Delaware	Minnesota	*West Virginia	*Florida
Illinois	*Missouri	Wisconsin	*Georgia
Indiana	New Hampshire	Colorado Territory	*Louisiana
Iowa	New Jersey	Dakota Territory	*Mississippi
Kansas	New York	Indian Territory	*North Carolina
*Kentucky	Ohio	Nebraska Territory	*South Carolina
Maine	Oregon	Nevada Territory	*Tennessee
Massachusetts	Pennsylvania	New Mexico Territory	*Texas
		Utah Territory	*Virginia

*slave states

Use the table to answer the questions in complete sentences.
1. How many states fought for the Union?
2. How many slave states fought for the Union?
3. How many states fought for the Confederacy?
4. Was Colorado a state during the Civil War?
5. Which two states along the Pacific Ocean supported the Union?
6. Did Kansas support the Union or the Confederacy?

Tarea Con El Mapa

Usa el mapa de Kansas para contestar con frases completas las siguientes preguntas.

1. Al ver el mapa, ¿por qué piensas que Kansas recibió el sobrenombre de *El Granero de Estados Unidos*?
2. ¿Lawrence se encuentra al este o al oeste de Topeka?
3. ¿Cuáles son los dos minerales que se encontraron en Kansas?
4. ¿Cuales son los cuatro estados vecinos de Kansas?
5. Nombra dos cultivos que hay en Kansas.
6. ¿Cuáles son los dos tipos de ganado que se crían en Kansas?
7. Nombra al río que está al este de Kansas City, Kansas.
8. ¿Cuál es la capital de Kansas?
9. Nombra al río que corre a través del oeste de Kansas.
10. ¿En dónde crece más trigo, al este o al oeste de Kansas?

La Guerra Civil

Estados y territorios que pelearon para la Unión			Estados que pelearon para la Confederación
California	*Maryland	Rhode Island	*Alabama
Connecticut	Michigan	Vermont	*Arkansas
*Delaware	Minnesota	*West Virginia	*Florida
Illinois	*Missouri	Wisconsin	*Georgia
Indiana	Nueva Hampshire	Territorio de Colorado	*Louisiana
Iowa	Nueva Jersey	Territorio Dakota	*Mississippi
Kansas	Nueva York	Territorio Indio	*Carolina del Norte
*Kentucky	Ohio	Territorio de Nebraska	*Carolina del Sur
Maine	Oregon	Territorio de Nevada	*Tennessee
Massachusetts	Pennsylvania	Territorio de Nuevo México	*Texas
		Territorio de Utah	*Virginia

*estados esclavistas

Usa la tabla para contestar las preguntas con frases completas.

1. ¿Cuántos estados pelearon para la Unión?
2. ¿Cuántos estados esclavistas pelearon para la Unión?
3. ¿Cuántos estados pelearon para la Confederación?
4. ¿Colorado era un estado durante la Guerra Civil?
5. ¿Cuáles son dos estados a lo largo del Océano Pacífico apoyaron a la Unión?
6. ¿Kansas apoyó a la Unión o a la Confederación?

Kentucky

Thomas was living in Kentucky in 1861 when the Civil War began. Kentucky hoped to remain <u>neutral</u> during the war between the states. There were <u>conflicting</u> <u>loyalties</u> in Kentucky since both presidents, Abraham Lincoln of the Union and Jefferson Davis of the Confederacy, had been born in Kentucky.

Three months after the fighting broke out at Fort Sumter in South Carolina, Thomas and his brother left for the war. Thomas joined the Union troops because he believed the United States should remain an undivided country. His brother, Joseph, joined the Confederate troops because he believed in slavery. The large southern farms needed slaves to work in the cotton and tobacco fields. Both boys thought they would be home soon. They went off to war with dreams of quick victory and easy glory. Little did they realize that four years of <u>misery</u> and <u>horror</u> lay ahead.

During the war, their sister worked at a hospital caring for the many wounded and sick soldiers. In 1862, President Lincoln signed the <u>Emancipation</u> Proclamation freeing the slaves in areas held by the Confederates. The Emancipation Proclamation opened the armed forces to blacks. A couple of slaves from Thomas' farm ran away to join the Union army.

Between battles, soldiers endured the <u>dreary</u> routine of marching and waiting. They lived on <u>rations</u> of beans, bacon, dried meat, coffee, and hardtack (flat, dry biscuits). Many died in battle, but more died from diseases. <u>Impure</u> food and water led to outbreaks of typhoid, diphtheria, and diarrhea. The close living conditions of the soldiers allowed for measles and mumps to spread rapidly.

In April 1865, the Confederate General Robert E. Lee surrendered to General Ulysses S. Grant and the Civil War was over. The Union was restored, but bitterness over the war troubled the nation for <u>decades</u>. It had been a costly war in lives and property.

Kentucky

Thomas vivía en Kentucky en 1861 cuando inició la Guerra Civil. Kentucky esperaba mantenerse <u>neutral</u> durante la guerra entre los estados. Había <u>lealtades</u> <u>en conflicto</u> en Kentucky, puesto que ambos presidentes, Abraham Lincoln de la Unión, y Jefferson Davis de la Confederación, habían nacido en Kentucky.

Tres meses después que inició la lucha en Fort Sumter en Carolina del Sur, Thomas y su hermano se fueron a la guerra. Thomas se unió a las tropas de la Unión porque creía que los Estados Unidos debían mantenerse como un país sin divisiones. Su hermano, Joseph, se unió a las tropas Confederadas porque él creía en la esclavitud. Las grandes granjas del sur necesitaban esclavos que trabajaran en los campos de algodón y tabaco. Ambos muchachos pensaron que regresarían pronto a casa. Se fueron a la guerra con sueños de una rápida victoria y de una gloria fácil. No se daban cuenta que les esperaban cuatro años de <u>miseria</u> y <u>horror</u>.

Durante la guerra, su hermana trabajó en un hospital cuidando a los muchos soldados heridos y enfermos. En 1862, el Presidente Lincoln firmó la Proclamación de la <u>Emancipación</u> que liberaba a los esclavos de las áreas en poder de los Confederados. La Proclamación de la Emancipación abrió las fuerzas armadas a los negros. Un par de esclavos de la granja de Thomas huyeron para unirse al ejército de la Unión.

Entre las batallas, los soldados sufrían la <u>monótona</u> rutina de marchar y esperar. Vivían con <u>raciones</u> de frijoles, tocino, carne seca, café y galletas (bizcochos planos y secos). Muchos murieron en batalla, pero muchos más murieron por enfermedades. La comida y el agua <u>impura</u> produjeron brotes de tifoidea, difteria y diarrea. Los soldados vivían en condiciones tan apretadas que esto permitió que el sarampión y las paperas se extendieran rápidamente.

En abril de 1865, el general Confederado Robert E. Lee se rindió ante el general Ulysses S. Grant y se terminó la Guerra Civil. Se restauró la Unión, pero la amargura de la guerra ocasionó problemas en la nación durante <u>décadas</u>. Fue una guerra muy costosa en vidas y en propiedades.

Vocabulary and Comprehension

Match the words with similar meanings.

1.	neutral	suffering
2.	conflicting	impartial
3.	loyalties	liberation
4.	misery	provisions
5.	horror	opposing
6.	emancipation	periods of ten years
7.	dreary	fear
8.	rations	dirty
9.	impure	cheerless
10.	decades	allegiances

Answer the following questions in complete sentences.

1. Where was Abraham Lincoln born?
2. Where did the Civil War begin?
3. Why did Thomas join the Union troops?
4. Why did Joseph join the Confederate troops?
5. What did their sister do during the war?
6. What was the Emancipation Proclamation?
7. What did the soldiers eat during the war?
8. Did soldiers die mostly from battle wounds or diseases?
9. In what year did the Civil War end?
10. How long did the Civil War last?

Vocabulario y Comprensión

Haga corresponder las palabras con significados similares.

1.	neutral	sufrimiento
2.	en conflicto	imparcial
3.	lealtades	liberación
4.	miseria	provisiones
5.	horror	opuesto
6.	emancipación	periodos de diez años
7.	monótona	temor
8.	raciones	sucia
9.	impura	triste
10.	décadas	fidelidades

Contesta las siguientes preguntas con frases completas.

1. ¿Dónde nació Abraham Lincoln?
2. ¿Dónde comenzó la Guerra Civil?
3. ¿Por qué se unió Thomas a las tropas de la Unión?
4. ¿Por qué se unió Joseph a las tropas Confederadas?
5. ¿Qué hizo su hermana durante la guerra?
6. ¿Qué fue la Proclamación de la Emancipación?
7. ¿Que comían los soldados durante la guerra?
8. ¿Por qué morían más los soldados, por las heridas de la batalla o por las enfermedades?
9. ¿En qué año terminó la Guerra Civil?
10. ¿Cuánto duró la Guerra Civil?

Kentucky

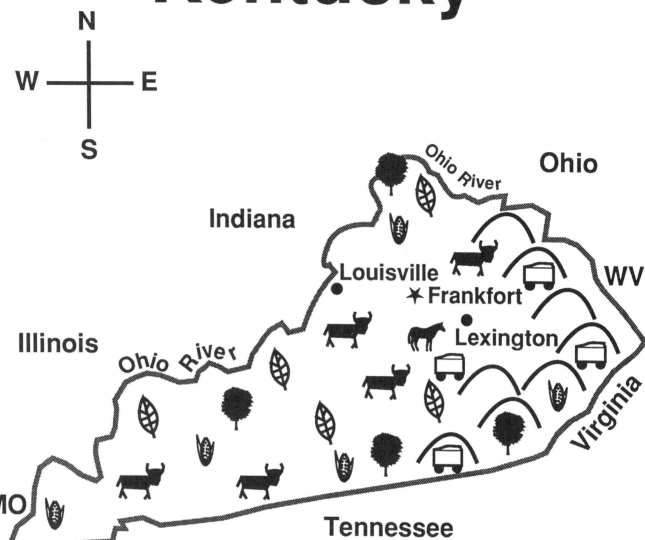

N
W — E
S

Ohio

Indiana

Ohio River

Louisville

Frankfort

Lexington

WV

Illinois

Ohio River

Virginia

MO

Tennessee

Legend

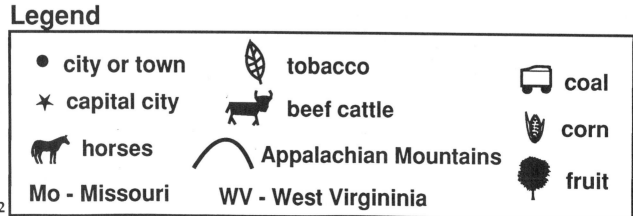

- ● city or town
- ✶ capital city
- 🐴 horses
- 🍃 tobacco
- 🐄 beef cattle
- ⌒ Appalachian Mountains
- coal
- corn
- fruit

Mo - Missouri   WV - West Virgininia

Kentucky

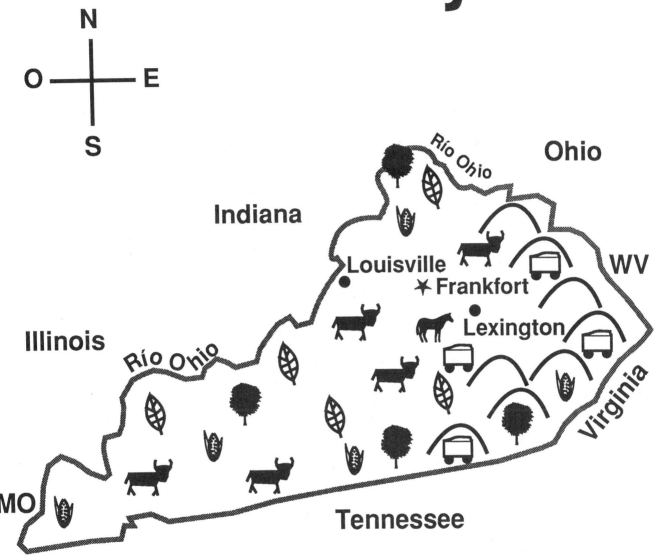

Ohio

Indiana

Río Ohio

Louisville

★ Frankfort

Lexington

WV

Illinois

Río Ohio

Virginia

MO

Tennessee

Leyenda

- • ciudad o pueblo
- ★ capital
- caballas
- tabaco
- ganado vacuno
- Montes Apalaches
- carbón
- maíz
- fruta

Mo - Missouri   WV - West Virginia

43

Map Work

Use the map of Kentucky to answer the questions. Answer in complete sentences.

1. The Kentucky Derby is a famous horse race held in Louisville. Many horses are raised west of which city?
2. Kentucky is a leading producer of what mineral?
3. Name the river that makes-up Kentucky's northern border.
4. What is the capital of Kentucky?
5. What mountain range runs along the eastern edge of Kentucky?
6. Kentucky's leading crop is used in the manufacturing of cigarettes. What is this plant?
7. What seven states are Kentucky's neighbors?
8. What livestock animal is raised in Kentucky?
9. What are two crops people eat that are grown in Kentucky?
10. What state is south of Kentucky?

The Civil War
Make a Time Line using the dates and events in the table.

Nov. 8, 1864 Lincoln is reelected President.	Nov. 19, 1863 Lincoln delivers the Gettysburg Address.
Feb. 6, 1865 Lee becomes general in chief of the South.	Jan. 1, 1863 Lincoln issues the Emancipation Proclamation.
April 14, 1865 Lincoln is assassinated.	April 12, 1861 Confederate troops attack Fort Sumter.
March 9, 1864 Grant becomes general in chief of the North.	May 26, 1865 The last Confederate troops surrender.
July 1-3, 1863 The Battle of Gettysburg ends in a Southern defeat and marks a turning point in the war.	April 9, 1865 Lee surrenders to Grant.

Tarea Con El Mapa

Usa el mapa de Kentucky para contestar con frases completas las siguientes preguntas.

1. El Derby de Kentucky es una famosa carrera de caballos que se celebra en Louisville. ¿Al oeste de qué ciudad se crían muchos caballos?
2. ¿De qué mineral es Kentucky un productor importante?
3. Nombra al río que forma el límite norte de Kentucky.
4. ¿Cuál es la capital de Kentucky?
5. ¿Qué cadena de montañas corre a lo largo del límite este de Kentucky?
6. El cultivo principal de Kentucky se utiliza en la fabricación de cigarros. ¿Qué planta es?
7. ¿Cuales son los siete estados vecinos de Kentucky?
8. ¿Qué ganado se cría en Kentucky?
9. ¿Cuáles son dos cultivos que crecen en Kentucky que come la gente?
10. ¿Qué estado está al sur de Kentucky?

La Guerra Civil

Haz un cronograma de las fechas y los eventos que están en la tabla.

El 8 de noviembre de 1964, Lincoln es reelecto Presidente.	El 19 de noviembre de 1863, Lincoln pronuncia el Discurso de Gettysburg.
El 6 de febrero de 1865, Lee se convierte en general en jefe del Sur.	El 1 de enero de 1863, Lincoln emite la Proclamación de la Emancipación.
El 14 de abril de 1865, Lincoln es asesinado.	El 12 de abril de 1861, Las tropas Confederadas atacan Fort Sumter.
El 9 de marzo 1864, Grant se convierte en general en jefe del Norte.	El 26 de mayo de 1865, Se rinden las últimas tropas Confederadas.
Del 1 al 3 de julio de 1863, La Batalla de Gettysburg termina en la derrota del Sur y marca un punto crucial en la guerra.	El 9 de abril de 1865, Lee se rinde a Grant.

Louisiana

Sidney lived in New Orleans during the 1920's. He came from a family of <u>musicians</u>. Sidney and his dad played the trumpet. His uncle played the clarinet and saxophone. All three had played with Louis Armstrong.

Sidney found the 1920's to be an exciting, creative time. Jazz became popular with its syncopated beat and its <u>improvisations</u>. The 1920's became known as the Jazz Age. Radios and <u>phonographs</u> gave a big boost to jazz. In 1920, the first radio station went on the air. By 1929, 40 percent of American families had radios in their homes.

In 1924, Sidney's Uncle Johnny bought a <u>Model T</u>. He and Sidney drove to Harlem in New York. They had a job in a jazz band at a night club. Sidney and Johnny found Harlem to be exciting at night with the throbbing beat of drums, the wailing saxophones, and the fashionably dressed crowds. It was fun watching the *flappers*, women in short dresses and bobbed hair, dance the <u>Charleston</u>.

The National Prohibition Act of 1919 prohibited the manufacture, transportation, and sale of alcoholic beverages. Bootlegging, the unlawful manufacturing and distributing of liquor, was a major cause for the rise of organized crime in the 1920's. Sidney knew of cabarets, nightclubs, and <u>speakeasies</u> that served <u>illegal</u> liquor.

During the day, Sidney saw another side of Harlem: the <u>tenement</u> houses with their poverty-stricken residents, and the push carts along the curb where fly-specked vegetables and other cheap <u>commodities</u> were sold. Not everyone enjoyed the <u>prosperity</u> of the twenties.

Louisiana

Sidney vivió en New Orleans durante la década de 1920. Él venía de una familia de <u>músicos</u>. Sidney y su papá tocaban la trompeta. Su tío tocaba el clarinete y el saxofón. Los tres habían tocado con Louis Armstrong.

Sidney se dio cuenta que los 1920 eran una época emocionante y creativa. El jazz se hizo popular por su ritmo sincopado y sus <u>improvisaciones</u>. Los 1920 se llegaron a conocer como la Época del Jazz. Los radios y <u>fonógrafos</u> le dieron un gran impulso al jazz. En 1920, entró al aire la primera estación de radio. Para 1929, 40 por ciento de las familias americanas tenían radio en sus casas.

En 1924, el tío Johnny compró un <u>Modelo T</u>. Él y Sidney manejaron a Harlem, en New York. Tenían empleo en una banda de jazz en un club nocturno. A Sidney y a Johnny el Harlem les pareció emocionante en las noches, con el ritmo vibrante de los tambores, los gimientes saxofones, y las multitudes vestidas a la moda. Era divertido ver a las *flappers*, mujeres con vestido y cabello muy cortos, bailando el <u>Charleston</u>.

La Ley de Prohibición Nacional de 1929 prohibió la fabricación, transporte y venta de bebidas alcohólicas. El contrabando, manufactura y distribución ilegal de licor, fue una causa importante para que surgiera el crimen organizado en los 1920. Sidney sabía de cabarets, clubes nocturnos y <u>tabernas clandestinas</u> donde servían licor <u>ilegal</u>.

Durante el día, Sidney vio otro lado del Harlem: las <u>vecindades</u> con sus residentes sumidos en la pobreza, y las carretillas de mano a lo largo de las aceras donde se vendían vegetales salpicados de moscas y otras <u>mercaderías</u> baratas. No todos disfrutaban la <u>prosperidad</u> de los veintes.

Vocabulary and Comprehension

Match the words with similar meanings.

1.	musicians	dance
2.	tenement	car
3.	improvisations	apartment
4.	phonographs	economic well-being
5.	Model T	impromptus
6.	prosperity	record players
7.	speakeasies	unlawful
8.	commodities	merchandise
9.	Charleston	people who play musical instruments
10.	illegal	places where alcoholic beverages were illegally sold

Answer the following questions in complete sentences.

1. Where did Sidney live?
2. What instrument did he and his dad play?
3. What instruments did his uncle play?
4. All three had played music with what famous jazz musician?
5. Which decade became know as the Jazz Age?
6. What two inventions helped make jazz popular?
7. What did Sidney's uncle buy in 1924?
8. Where did Sidney and his uncle go?
9. What was the National Prohibition Act?
10. Name three reasons why Sidney found Harlem exciting at night.

Vocabulario y Comprensión

Haga corresponder las palabras con significados similares.

1.	músicos	baile
2.	vecindades	carro
3.	improvisaciones	departamentos
4.	fonógrafos	bienestar económico
5.	Modelo T	impromptus
6.	prosperidad	tocadiscos
7.	tabernas clandestinas	ilícito
8.	mercaderías	mercancías
9.	Charleston	gente que toca instrumentos musicales
10.	ilegal	lugares donde se vendían bebidas alcohólicas ilegalmente

Contesta las siguientes preguntas con frases completas.

1. ¿Dónde vivía Sidney?
2. ¿Qué instrumento tocaban él y su papá?
3. ¿Qué instrumentos tocaba su tío?
4. ¿Con qué famoso músico de jazz habían tocado los tres?
5. ¿Qué década se llegó a conocer como la Época del Jazz?
6. ¿Cuáles dos invenciones ayudaron a que el jazz se hiciera popular?
7. ¿Qué compró el tío de Sidney en 1924?
8. ¿A dónde fueron Sidney y su tío?
9. ¿Qué era la Ley de Prohibición Nacional?
10. Nombra tres razones por las que Sidney encontró al Harlem emocionante por las noches.

Louisiana

Arkansas

● Shreveport

Mississippi

Sabine River

Mississippi River

Texas

Baton Rouge ✴

Mississippi River

● New Orleans

Gulf of Mexico

Gulf of Mexico

shrimp

shrimp   oysters

Gulf of Mexico

Legend

● city or town	🔥 natural gas	sugar cane
✴ capital city	soybeans	beef cattle
oil	🐟 fish	forest products

Louisiana

N
O — E
S

Arkansas

Shreveport

Río Mississippi

Mississippi

Río Sabine

Texas

Baton Rouge

Río Mississippi

New Orleans

Golfo de México

camarón

ostras

camarón

Golfo de México

Leyenda

- • ciudad o pueblo
- ✶ capital
- 🛢 petróleo
- 🔥 gas natural
- 🌱 soya
- 🐟 pesca
- 🎋 caña de azúcar
- 🐂 ganado vacuno
- 🌲 productos forestales

51

Map Work

Use the map of Louisiana to answer the questions. Answer in complete sentences.

1. Name the famous river that runs through Louisiana and empties into the Gulf of Mexico.
2. What is the capital of Louisiana?
3. Name three seafoods found off the coast of Louisiana.
4. Name the river that runs between Louisiana and Texas.
5. New Orleans is next to which river?
6. What three states are Louisiana's neighbors?
7. Name two minerals found in Louisiana.
8. What are two food crops grown in Louisiana?
9. Name the city that is in the northwest corner.
10. Are more forests found in northern or southern Louisiana?

Who's Who
during the 1920's

Use the information in the table to answer the questions in complete sentences.

Name	Title
Louis Armstrong	jazz artist, singer, and trumpeter
Ernest Hemingway	author, wrote *A Farewell to Arms*
Bessie Smith	jazz and blues singer
Babe Ruth	baseball player
Henry Ford	invented the Model T
Duke Ellington	bandleader

1. Who became one of the world's most famous jazz and blues singers?
2. Who was a famous bandleader who played a significant role in the history of jazz?
3. Who was the best known baseball player of the 1920's?
4. Who was a famous jazz singer and trumpeter?
5. Who made an inexpensive automobile?
6. Who was a famous author who served in World War I?

Tarea Con El Mapa

Usa el mapa de Louisiana para contestar con frases completas las siguientes preguntas.

1. Nombra al río famoso que corre a través de Louisiana y desemboca en el Golfo de México.
2. ¿Cuál es la capital de Louisiana?
3. Nombra tres mariscos que se encuentran en la costa de Louisiana.
4. Nombra al río que corre entre Louisiana y Texas.
5. ¿Junto a qué río se encuentra New Orleans?
6. ¿Cuales son los tres estados vecinos de Louisiana?
7. ¿Nombra dos minerales que se encontraron en Louisiana?
8. ¿Cuáles son dos cultivos que crecen en Louisiana?
9. Nombra a la ciudad que se encuentra en la esquina noroeste.
10. ¿Dónde hay más bosques, en el norte o en el sur de Louisiana?

Quién era quien
durante la época 1920

Usa la información de la tabla para responder las preguntas.

Nombre	Título
Louis Armstrong	artista, cantante y trompetista de jazz
Ernest Hemingway	autor, escribió *Farewell to Arms* (Adiós a las armas)
Bessie Smith	cantante de jazz y blues
Babe Ruth	jugador de béisbol
Henry Ford	inventó el Modelo T
Duke Ellington	director de banda

1. ¿Quién se convirtió en uno de los cantantes de jazz y blues más famosos del mundo?
2. ¿Quién fue un famoso director de banda que tuvo un papel importante en la historia del jazz?
3. ¿Quién fue el jugador de béisbol mejor conocido de la época 1920?
4. ¿Quién fue un famoso cantante y trompetista de jazz?
5. ¿Quién hizo un automóvil que no fue caro?
6. ¿Quién fue un famoso autor que prestó servicio en la Primera Guerra Mundial?

Maine

Alice works for the Environmental Protection Agency. In 1970, the EPA was formed to establish standards of environmental quality. Alice enjoys working for an organization that she believes does very important work. More than four fifths of Maine is covered with forests and the land is dotted with lakes and rivers. In 1988, she worked for an important cause to establish acid rain controls in the midwest. Many people in Maine and other northeastern states were concerned about the pollution from coal-powered electric generating stations in the midwest. Prevailing winds carry the pollutants which cause acid rain in Maine and other northeastern states.

Acid rain occurs after fossil fuels such as coal, gasoline, and fuel oils are burned. The oxides they emit into the air combine with the moisture in the air to form acids. When it rains or snows, these acids are brought to earth in what is called acid rain. The effects of acid rain can be devastating to many forms of life. Its effects can be most vividly seen in lakes, rivers, streams, and on vegetation. Acidity in water kills virtually all life forms. Lakes may absorb so much acid rain that they can no longer support the algae, plankton, and other aquatic life that provide food and nutrients for fish. Acid rain can cause food crops and forest trees to become diseased and die.

In 1990, Alice worked hard to get legislation passed that amended the Clean Air Act of 1970. The 1990 Clean Air Act focused more on reducing acid rain. The Act called for a 50 percent reduction in the release of sulfur dioxide by the year 2000. Alice very much enjoys the beauty of Maine and understands how important a healthy environment is.

Maine

Alice trabaja para la Agencia de Protección Ambiental (EPA, por sus siglas en inglés). En 1970, se formó la EPA para establecer normas de la calidad del medio ambiente. A Alice le gusta trabajar para una organización que ella considera que hace un trabajo muy importante. Más de cuatro quintas partes de Maine están cubiertas con bosques, y la región está salpicada de lagos y ríos. En 1988, trabajó para una importante causa con el fin de establecer controles para la lluvia ácida en el medio oeste. Mucha gente de Maine y de otros estados del noreste estaba preocupada por la contaminación de las centrales de generación de energía eléctrica del medio oeste impulsadas por carbón. Los vientos dominantes acarrean los contaminantes que provocan la lluvia ácida en Maine y en otros estados del noreste.

La lluvia ácida ocurre después de que se queman combustibles fósiles como carbón, gasolina y combustibles fósiles. Los óxidos que emiten al aire se combinan con la humedad en el aire para formar ácidos. Cuando llueve o nieva, estos ácidos se regresan a la tierra en lo que se llama lluvia ácida. Los efectos de la lluvia ácida pueden ser devastadores para muchas formas de vida. Sus efectos pueden verse más vívidamente en lagos, ríos, arroyos y en la vegetación. La acidez en el agua mata virtualmente a todas las formas de vida. Los lagos pueden absorber tanta lluvia ácida que ya no pueden sustentar las algas, plancton y demás vida acuática que proporciona alimento y nutrientes a los peces. La lluvia ácida puede provocar que los cultivos de alimentos y los árboles de los bosques se enfermen y mueran.

En 1990, Alice trabajó duro para lograr que la legislación aprobara y reformara la Ley del Aire Limpio de 1970. La Ley del Aire Limpio de 1990 se enfocó más en la reducción de la lluvia ácida. La Ley requiere una reducción del 50 por ciento en la emisión de dióxido de sulfuro para el año 2000. Alice disfruta mucho la belleza de Maine y entiende la importancia que tiene un medio ambiente saludable.

Vocabulary and Comprehension

Match the words with similar meanings.

1.	EPA	practically
2.	pollutants	soak up, consume
3.	emit	harmful
4.	absorb	changed or modified
5.	devastating	give off
6.	aquatic	growing in or on water
7.	amended	clearly
8.	plankton	things that pollute
9.	vividly	microscopic animal and plant life in a body of water
10.	virtually	Environmental Protection Agency

Answer the following questions in complete sentences.

1. When was the Environmental Protection Agency established?
2. What is the purpose of the EPA?
3. Write a sentence describing Maine.
4. What cause was Alice involved with in 1988?
5. How were pollutants in the midwest causing acid rain in Maine and other northeastern states?
6. What is acid rain?
7. How does acid rain damage lakes?
8. Name two other things acid rain can destroy.
9. What legislation did Alice help get passed in 1990?
10. What change did the 1990 Act provide?

Vocabulario y Comprensión

Haga corresponder las palabras con significados similares.

1. EPA	prácticamente
2. contaminantes	embeber, consumir
3. emiten	dañinos
4. absorber	cambiara o modificara
5. devastadores	despiden
6. acuática	que crece o está en el agua
7. reformara	claramente
8. plancton	cosas que contaminan
9. vívidamente	vida animal y vegetal microscópica en una zona de agua
10. virtualmente	Agencia de Protección Ambiental

Contesta las siguientes preguntas con frases completas.

1. ¿Cuándo se estableció la Agencia de Protección Ambiental?
2. ¿Cuál es el propósito de la EPA?
3. Escribe una frase que describa a Maine.
4. ¿En qué causa se involucró Alice en 1988?
5. ¿Cómo provocaban los contaminantes del medio oeste la lluvia ácida en Maine y en otros estados del noreste?
6. ¿Qué es la lluvia ácida?
7. ¿Cómo daña a los lagos la lluvia ácida?
8. Nombra otras dos cosas que puede destruir la lluvia ácida.
9. ¿En qué legislación colaboró Alice para que se aprobara en 1990?
10. ¿Qué cambio ofrece la Ley de 1990?

Maine

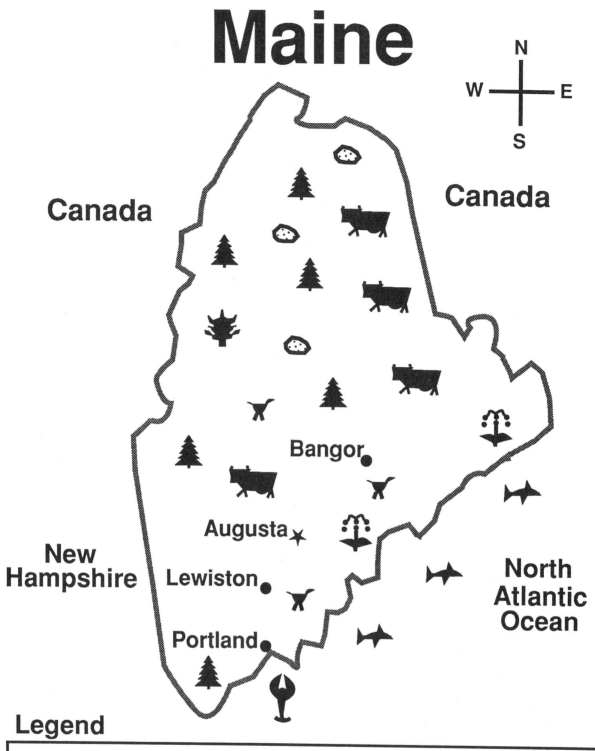

N
W — E
S

Canada

Canada

New
Hampshire

North
Atlantic
Ocean

Bangor

Augusta

Lewiston

Portland

Legend

- • city or town
- ✴ capital city
- 🍁 maple syrup
- 🫐 blueberries
- 🥔 potatoes
- 🦞 lobsters
- 🐟 fish
- 🦃 poultry
- 🐄 dairy products
- 🌲 forest products

58

Maine

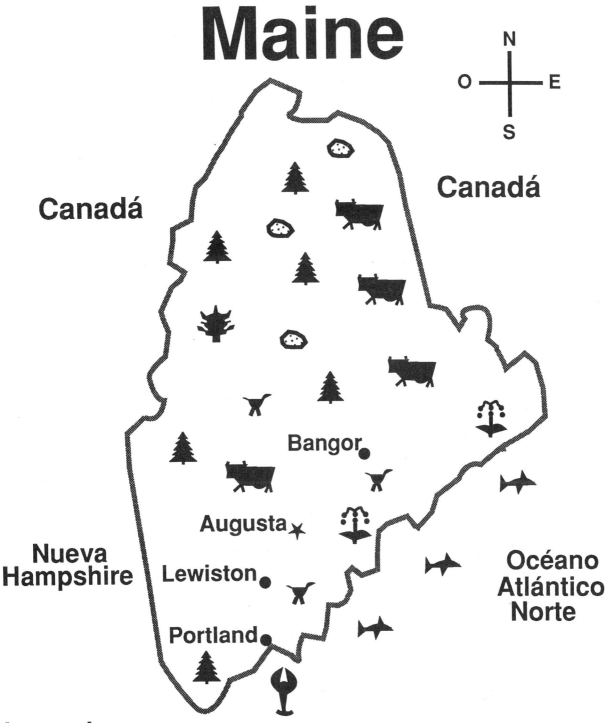

Canadá

Canadá

Nueva
Hampshire

Bangor

Augusta

Lewiston

Portland

Océano
Atlántico
Norte

N
O · E
S

Leyenda

- ● ciudad o pueblo
- ✦ capital
- 🌲 jarabe de arce
- 🫐 arándanos
- 🥔 papas
- 🦞 langostas
- 🐟 pesca
- ✕ aves de corral
- 🐄 productos lácteos
- 🌲 productos forestales

Map Work

Use the map of Maine to answer the questions. Answer in complete sentences.

1. Are more potatoes grown in northern or southern Maine?
2. Name the country that is north of Maine?
3. What state is Maine's neighbor?
4. Name two seafoods found off the coast of Maine.
5. More toothpicks are produced in Maine than any other state. What natural resource is used to make toothpicks?
6. What is the capital of Maine?
7. What fruit is grown in Maine that makes a delicious pie?
8. What are two farm animals raised in Maine?
9. Name the ocean that is east of Maine.
10. What does Maine produce that people enjoy putting on their pancakes?

Fact or Opinion?

Write F if the sentence is a fact. Write O if the sentence is an opinion.

1. _____ Maine lobster is a delicious seafood.
2. _____ The moose, bobcats, and black bears that live in northwest Maine are beautiful animals.
3. _____ The production of paper and paper products is a leading industry in Maine.
4. _____ Fishing in Maine is a fun sport.
5. _____ Potatoes are grown in Maine.
6. _____ It's warm sitting in the sun at an outdoor cafe in Kennebunkport.
7. _____ Picking blueberries is easy work.
8. _____ Acid rain is harmful to plants and animals.
9. _____ More than four fifths of Maine is covered with forests.
10. _____ Maine is the best state to visit for a vacation!

Tarea Con El Mapa

Usa el mapa de Maine para contestar con frases completas las
siguientes preguntas.

1. ¿En dónde crece más papas, en el norte o en el sur de Maine?
2. Nombra el país que está al norte de Maine.
3. ¿Cuál es el estado vecino de Maine?
4. Nombra dos mariscos que se encuentran en la costa de Maine.
5. En Maine se fabrican más palillos de dientes que en ningún otro
   estado. ¿Qué recurso natural se usa para fabricar palillos de
   dientes?
6. ¿Cuál es la capital de Maine?
7. ¿Qué fruta crece en Maine de la que se hace un pastel delicioso?
8. ¿Cuáles son los dos animales de granja que se crían en Maine?
9. Nombra al océano que está al este de Maine.
10. ¿Qué produce Maine que a la gente le gusta poner en sus
    panqueques?

¿Hecho u opinión?

Escribe una H si la frase es un hecho. Escribe una O si la frase es
una opinión.

1. _____ La langosta de Maine es un marisco delicioso.
2. _____ Los alces, gatos monteses y osos negros que viven al
   noroeste de Maine son animales hermosos.
3. _____ La producción de papel y de productos de papel es una de
   las principales industrias de Maine.
4. _____ La pesca en Maine es un deporte divertido.
5. _____ En Maine se cultivan papas.
6. _____ Es agradable sentarse al sol en un café al aire libre en
   Kennebunkport.
7. _____ Recoger arándanos es un trabajo fácil.
8. _____ La lluvia ácida es dañina para plantas y animales.
9. _____ Más de cuatro quintas partes de Maine están cubiertas de
   bosques.
10. _____ ¡Maine es el mejor estado para visitar en vacaciones!

Maryland

John was a <u>merchant</u> living in Maryland in 1763 when the <u>British</u> <u>Parliament</u> passed the Stamp Act. The Stamp Act required the <u>colonists</u> to buy an official stamp whenever they purchased legal documents, newspapers, or even playing cards. England was suffering from <u>debt</u> as a result of years at war. England passed other taxes that angered the colonists. One slogan of the colonists was "No taxation without representation." One evening in October 1774, not far from John's home, a band of Maryland <u>patriots</u> was responsible for the burning of the *Peggy Stewart*, an English <u>brig</u> loaded with tea. They were angry about England's tax on tea.

<u>Delegates</u> from the thirteen colonies met in Philadelphia at the First Continental Congress in 1774. They recommended that the colonies arm themselves in case of war. The volunteers were called minutemen since they were supposed to be ready to fight at a minute's notice. In 1775, fighting broke out between the British and the colonists at Lexington, Massachusetts.

In 1776, the Declaration of Independence was signed. The Declaration stated that "these United Colonies are free and independent states." Shortly thereafter, John's son Samuel joined the colonial troops. He fought under General George Washington. Samuel, like many of the colonists, was not a trained soldier. Many of the soldiers <u>abandoned</u> Washington at harvest time to go home to help their families on the farm.

Most of the fighting had stopped by 1782. The colonists had won their <u>independence</u> from England! In 1783, a peace treaty was signed in Paris, France that formally ended the War of Independence.

Maryland

John era un comerciante que vivía en Maryland en 1763, cuando el Parlamento británico aprobó la Ley del Sello. La Ley del Sello requería que los colonos compraran un sello oficial siempre que adquirieran documentos legales, periódicos, e inclusive cartas. Inglaterra sufría por su deuda como resultado de los años en guerra. Inglaterra aprobó otros impuestos que hicieron enojar a los colonos. Un lema de los colonos era: "No hay tributación si no hay representación." Una noche de octubre de 1774, no muy lejos de la casa de John, una banda de patriotas de Maryland fue la responsable de quemar el *Peggy Stewart*, un bergantín inglés cargado con té. Estaban enojados por el impuesto que Inglaterra aplicaba al té.

En Philadelphia se reunieron los delegados de las trece colonias en el Primer Congreso Continental en 1774. Ellos recomendaron que las colonias se armaran en caso que hubiera guerra. A los voluntarios se les llamaba milicianos, y debían estar listos para pelear en cuanto se les avisara. En 1775, estalló la pelea entre los británicos y los colonos en Lexington, Massachusetts.

En 1776, se firmó la Declaración de Independencia. La Declaración afirmaba que "estas Colonias Unidas son estados libres e independientes." Poco tiempo después Samuel, el hijo de John, se unió a las tropas coloniales. Combatió bajo el mando del general George Washington. Samuel, como muchos de los colonos, no era un soldado entrenado. Muchos de los soldados abandonaron a Washington en la época de la cosecha para ir a casa a ayudar a sus familias con la granja.

La mayor parte de la lucha se detuvo en 1782. ¡Los colonos habían ganado su independencia de Inglaterra! En 1783, se firmó un tratado de paz en París, Francia, el cual terminaba formalmente con la Guerra de Independencia.

Vocabulary and Comprehension

Match the words with similar meanings.

1.	merchant	early settlers
2.	British	representatives
3.	parliament	freedom
4.	colonists	ship
5.	debt	council
6.	patriots	deserted
7.	brig	English
8.	delegates	shopkeeper
9.	abandoned	a state of owing
10.	independence	people who are loyal to their country

Answer the following questions in complete sentences.

1. When did England pass the Stamp Act?
2. What was the Stamp Act?
3. Why was England suffering from debt?
4. Patriots were loyal to the colonies and Tories were loyal to England. Were patriots or Tories responsible for the burning of the *Peggy Stewart*?
5. Why did they burn the *Peggy Stewart*?
6. When did fighting break out between the British and the colonists?
7. Who were the minutemen?
8. When was the Declaration of Independence signed?
9. What was the Declaration of Independence?
10. When was the War of Independence (also known as the American Revolution or the Revolutionary War) officially over?

Vocabulario y Comprensión

Haga corresponder las palabras con significados similares.

1.	comerciante	primeros pobladores
2.	británico	representantes
3.	parlamento	libertad
4.	colonos	barco
5.	deuda	consejo
6.	patriotas	desertaron
7.	bergantín	inglés
8.	delegados	tendero
9.	abandonaron	una situación donde se debe
10.	independencia	gente leal a su país

Contesta las siguientes preguntas con frases completas.

1. ¿Cuándo aprobó Inglaterra la Ley del Sello?
2. ¿Qué era la Ley del Sello?
3. ¿Por qué Inglaterra sufría de deudas?
4. Los patriotas eran leales a las colonias y los Realistas eran leales a Inglaterra. ¿Quiénes fueron responsables de quemar el *Peggy Stewart*, los patriotas o los Realistas?
5. ¿Por qué quemaron al *Peggy Stewart*?
6. ¿Cuándo estalló la pelea entre los británicos y los colonos?
7. ¿Quiénes eran los milicianos?
8. ¿Cuándo se firmó la Declaración de Independencia?
9. ¿Qué era la Declaración de Independencia?
10. ¿Cuándo se terminó oficialmente la Guerra de Independencia (también conocida como la Revolución americana o la Guerra de la Revolución)?

Maryland

Legend

- • city or town
- ✶ capital city
- ⊗ Washington, D.C.
- 🍃 tobacco
- 🦪 oysters
- 🐚 clams
- 🐟 fish
- 🌿 soybeans
- 🌲 maple syrup
- 🌳 fruit
- 🦃 poultry

Maryland

Leyenda

●	ciudad o pueblo	🍃	tabaco	🌿	soya
✶	capital	🦪	ostras	🍁	jarabe de arce
✪	Washington, D.C.	🐚	almejas	🌳	fruta
		🐟	pesca	🦃	aves de corral

Map Work

Use the map of Maryland to answer the questions. Answer in complete sentences.

1. What are two seafoods found in the Chesapeake Bay?
2. Name the river that runs along the west side of Washington, D.C.
3. What is the capital of Maryland?
4. Maple syrup is found in eastern or western Maryland?
5. The capital of the United States is marked by a star with a circle around it. What is the name of the capital of the United States?
6. What four states are Maryland's neighbors?
7. What ocean borders part of Maryland?
8. Name two foods grown in Maryland.
9. Name the city north of Annapolis.
10. What farm animal is raised in Maryland?

Who's Who
during the Revolutionary War

Use the information in the table to answer the questions in complete sentences.

Name	Title
George Washington	First President of the United States of America.
Molly Pitcher	Carried pitchers of water to wounded and exhausted American soldiers. When her husband collapsed at his cannon, she took his place and stayed at the post for the rest of the battle.
Benjamin Franklin	Convinced the French to aid the United States; helped draft the Declaration of Independence.
Thomas Jefferson	One of the authors of the Declaration of Independence and the third President of the United States.
Charles Cornwallis	British general whose surrender at Yorktown, Virginia in 1781 marked the last major battle.

1. Who was a famous woman who fought in the American Revolution?
2. Who was the first President of the United States of America?
3. Who was one of the authors of the Declaration of Independence and also the third President of the United States?
4. Name the British general who surrendered at Yorktown.
5. Who convinced the French to aid the United States in the American Revolution and helped to write the Declaration of Independence?

Tarea Con El Mapa

Usa el mapa de Maryland para contestar con frases completas las siguientes preguntas.

1. Nombra dos mariscos que se encuentran en la bahía de Chesapeake.
2. Nombra al río que corre a lo largo del oeste de Washington, D. C.
3. ¿Cuál es la capital de Maryland?
4. ¿El jarabe de arce se encuentra en el este o el oeste de Maryland?
5. La capital de los Estados Unidos está marcada por una estrella con un círculo alrededor. ¿Cuál es el nombre de la capital de los Estados Unidos?
6. ¿Cuales son los cuatro estados vecinos de Maryland?
7. ¿Qué océano limita una parte de Maryland?
8. Nombra dos alimentos que se cultivan en Maryland?
9. Nombra a la ciudad que está al norte de Annapolis.
10. ¿Cuál es un animal de granja que se cría en Maryland?

Quién era quien
durante la Guerra de la Revolución

Usa la información de la tabla para responder las preguntas.

Nombre	Título
George Washington	Primer Presidente de los Estados Unidos de América
Molly Pitcher	Llevaba jarras de agua a los soldados americanos heridos y cansados. Cuando su esposo cayó en su cañón, ella tomó su lugar y permaneció en ese puesto hasta que terminó la batalla.
Benjamin Franklin	Convenció a los franceses para que ayudaran a los Estados Unidos; ayudó a redactar la Declaración de Independencia.
Thomas Jefferson	Uno de los autores de la Declaración de Independencia y el tercer Presidente de los Estados Unidos.
Charles Cornwallis	General Británico que al rendirse en Yorktown, Virginia, en 1781, marcó la última batalla importante.

1. ¿Quién fue una famosa mujer que peleó en la Revolución americana?
2. ¿Quién fue el primer Presidente de los Estados Unidos de América?
3. ¿Quién fue uno de los autores de la Declaración de Independencia y el tercer Presidente de los Estados Unidos?
4. Nombra el General Británico que se rindió en Yorktown.
5. ¿Quién convenció a los franceses para que ayudaran a los Estados Unidos; ayudó a redactar la Declaración de Independencia?

Massachusetts

Sarah was ten when she and her family set sail from Plymouth, England to the "New World." It was September 16, 1620. She and her family were leaving England because King James I did not permit freedom of religion. It was a long ocean journey in a slow, small <u>vessel</u> called the *Mayflower*. For 66 days, they were tossed across the wintry Atlantic Ocean. It was very crowded on the boat. Nobody had any <u>privacy</u>. There were no sanitary facilities and no fresh water for bathing. Sara often felt seasick from the <u>stench</u> of the crowded quarters. She and her family ate hard biscuits, cheese, and salted beef or fish. Her younger brother developed <u>scurvy</u> because they didn't have fruit to eat. Sarah had never felt so happy as when they spotted land.

It was December 21st by the time the Pilgrims found a spot where they wanted to begin their new life. They named it Plymouth Rock in honor of Plymouth, England, the <u>harbor</u> from which they had sailed. It was winter when the Pilgrims started building small <u>dwellings</u>. There was not much food and the Pilgrims were not skilled at hunting or fishing. Many Pilgrims died. Sarah's brother and father died from <u>pneumonia</u>. Sarah, her older sister, and her mother spent much of their time taking care of others who were <u>ill</u>. From the group of more than 100 Pilgrims half were dead before the end of winter.

The neighboring Native Americans were friendly and taught the Pilgrims how to plant corn, hunt, and fish. When the 1621 harvest was <u>bountiful</u>, the Pilgrims held their first Thanksgiving feast. Governor William Bradford sent men to hunt for <u>fowl</u>. They returned with many wild turkeys. Fishermen brought in cod and bass. They invited Chief Massasoit, who came with 90 braves and five large deer.

Massachusetts

Sarah tenía diez años cuando ella y su familia se embarcaron de Plymouth, Inglaterra, hacia el "Nuevo Mundo". Era el 16 de septiembre de 1620. Ella y su familia dejaban Inglaterra porque el Rey James I no permitía la libertad de culto. Fue una larga travesía por el océano en un lento y pequeño <u>velero</u> llamado el *Mayflower*. Durante 66 días, fueron sacudidos por todo el tormentoso Océano Atlántico. Iban muy apretados en el barco. Nadie tenía <u>privacidad</u>. No habían instalaciones sanitarias y no había agua limpia para bañarse. Sarah a menudo se sentía mareada por el <u>hedor</u> de los atestados camarotes. Ella y su familia comían bizcochos duros, queso, y carne de res salada o pescado. Su hermano más pequeño contrajo <u>escorbuto</u> porque no había fruta fresca para comer. Sarah nunca se sintió tan feliz como cuando vieron tierra.

Era el 21 de diciembre cuando los Peregrinos encontraron el lugar donde querían comenzar su nueva vida. Lo nombraron Plymouth Rock en honor de Plymouth, Inglaterra, el <u>puerto</u> del que habían salido. Era invierno cuando los Peregrinos comenzaron a construir pequeñas <u>viviendas</u>. No había mucha comida, y los Peregrinos no eran hábiles para cazar o pescar. Muchos Peregrinos murieron. El hermano de Sarah y su padre murieron de <u>pulmonía</u>. Sarah, su hermana mayor, y su madre pasaron mucho tiempo cuidando a los demás que estaban <u>enfermos</u>. Del grupo de más de 100 Peregrinos la mitad estaban muertos antes de que terminara el invierno.

Los americanos nativos de los alrededores eran amigables y enseñaron a los Peregrinos a plantar maíz, a cazar y a pescar. Cuando la cosecha de 1621 fue <u>abundante</u>, los Peregrinos celebraron su primera fiesta de Día de Gracias. El gobernador William Bradford envió hombres a cazar <u>aves</u>. Regresaron con muchos pavos silvestres. Los pescadores llevaron bacalao y róbalo. Invitaron al jefe Massasoit, que llegó con 90 guerreros indios y cinco venados grandes.

Vocabulary and Comprehension

Match the words with similar meanings.

1.	vessel	port
2.	privacy	boat
3.	ill	homes
4.	stench	a place to be by oneself
5.	harbor	a disease of the lungs
6.	dwellings	bird
7.	scurvy	abundant
8.	pneumonia	a disease caused by lack of fresh fruit
9.	bountiful	awful smell
10.	fowl	sick

Answer the following questions in complete sentences.

1. When did Sara set sail for the "New World?"
2. Why did she and her family leave England?
3. What was the name of their boat?
4. What ocean did they cross?
5. What did she and her family eat on the trip?
6. Why did they call their new home Plymouth Rock?
7. What diseases did her brother and father die from?
8. How many Pilgrims died that first winter?
9. Who helped the Pilgrims?
10. Who attended the first Thanksgiving?

Vocabulario y Comprensión

Haga corresponder las palabras con significados similares.

1.	velero	bahía
2.	privacidad	barco
3.	enfermos	casas
4.	hedor	lugar para estar consigo mismo
5.	puerto	enfermedad de los pulmones
6.	viviendas	pájaros
7.	escorbuto	copioso
8.	pulmonía	enfermedad provocada por la falta de fruta fresca
9.	abundante	muy mal olor
10.	aves	indispuestos

Contesta las siguientes preguntas con frases completas.

1. ¿Cuándo se embarcó Sarah para el "Nuevo Mundo"?
2. ¿Por qué salieron ella y su familia de Inglaterra?
3. ¿Cuál era el nombre del barco?
4. ¿Qué océano cruzaron?
5. ¿Qué comían ella y su familia durante el viaje?
6. ¿Por qué le llamaron Plymouth Rock a su nuevo hogar?
7. ¿De qué enfermedades murieron su hermano y su padre?
8. ¿Cuántos Peregrinos murieron ese primer invierno?
9. ¿Quién ayudó a los Peregrinos?
10. ¿Quién asistió al primer Día de Gracias?

Massachusetts

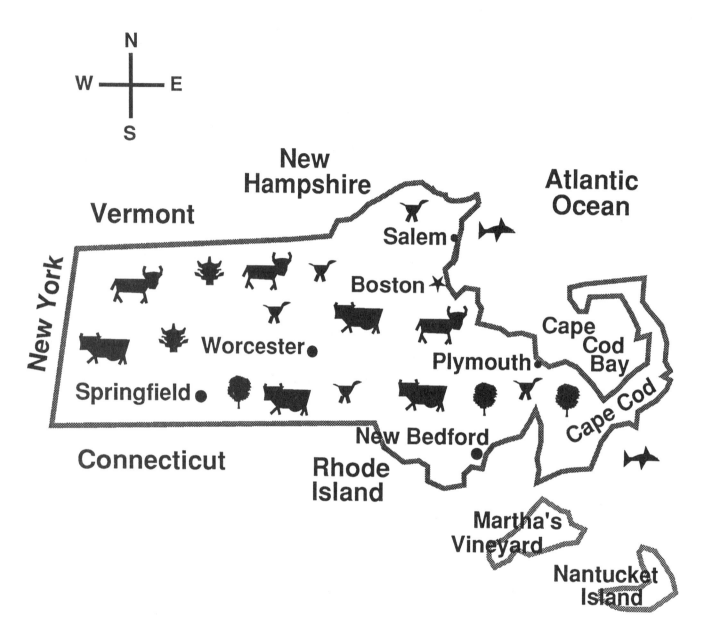

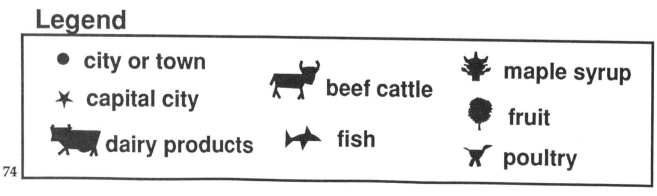

Legend

- • city or town
- ✶ capital city
- dairy products
- beef cattle
- fish
- maple syrup
- fruit
- poultry

Massachusetts

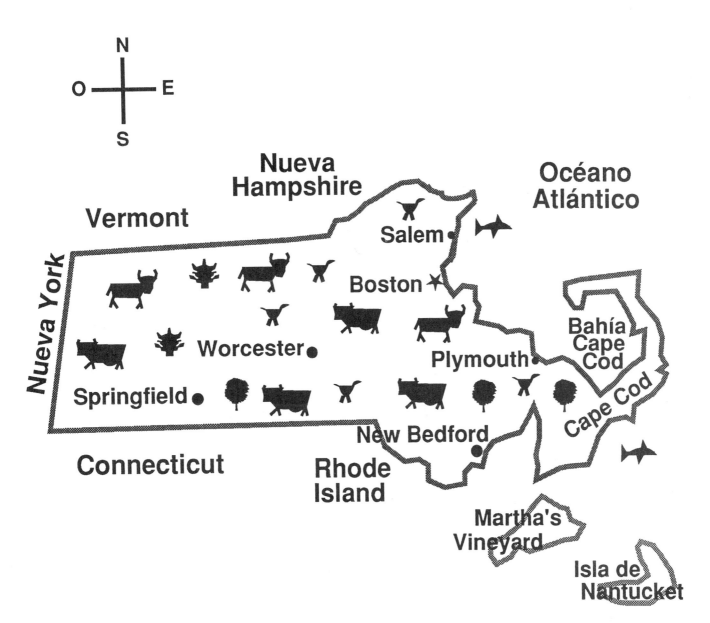

Vermont

Nueva Hampshire

Océano Atlántico

Nueva York

Salem

Boston

Bahía Cape Cod

Worcester

Plymouth

Cape Cod

Springfield

New Bedford

Connecticut

Rhode Island

Martha's Vineyard

Isla de Nantucket

N
O E
S

Leyenda

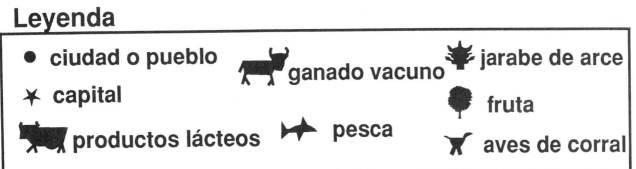

- ● ciudad o pueblo
- ✶ capital
- productos lácteos
- ganado vacuno
- pesca
- jarabe de arce
- fruta
- aves de corral

Map Work

Use the map of Massachusetts to answer the questions. Answer in complete sentences.

1. What is the capital of Massachusetts?
2. Name two islands that are part of Massachusetts.
3. What five states are Massachusetts' neighbors?
4. Cape Cod is in eastern or western Massachusetts?
5. Boston is along the coast of what ocean?
6. What are three livestock animals raised in Massachusetts?
7. What product is produced in Massachusetts that people like to put on their waffles?
8. Is Salem in northern or southern Massachusetts?
9. New York is along which border of Massachusetts?
10. Is Plymouth on the east or west side of Cape Cod Bay?

The Revolutionary War

Make a Time Line using the dates and events in the table.

Dec. 25, 1776 Washington leads his troops across the Delaware River on a stormy night.	June 17, 1775 The British drive the Americans from Breed's Hill in the Battle of Bunker Hill near Boston, Massachusetts.
Dec. 19, 1777 Washington's army retires to winter quarters at Valley Forge.	April 15, 1783 The United States and British sign the final peace treaty in Paris.
April 18, 1775 Paul Revere warns the minutemen in Lexington, Massachusetts that the British are coming.	June 15, 1775 Congress names George Washington commander in chief of the Continental Army.
Oct. 19, 1781 British commander Major General Cornwallis' forces surrender at Yorktown, Virginia.	Dec. 16, 1773 Bostonians dress up as Native Americans, raid British ships, and dump cargoes of tea overboard.
July 4, 1776 The Declaration of Independence is adopted.	Feb. 6, 1778 The United States and France sign an alliance.

Tarea Con El Mapa

Usa el mapa de Massachusetts para contestar con frases completas las siguientes preguntas.

1. ¿Cuál es la capital de Massachusetts?
2. Nombra dos islas que sean parte de Massachusetts.
3. ¿Cuales son los cinco estados vecinos de Massachusetts?
4. ¿Cape Cod está al este o al oeste de Massachusetts?
5. ¿A lo largo de la costa de qué océano está Boston?
6. ¿Cuáles son los tres animales de granja que se crían en Massachusetts?
7. ¿Qué producto se produce en Massachusetts que a la gente le gusta poner en sus wafles?
8. ¿Salem se encuentra en el norte o en el sur de Massachusetts?
9. ¿New York está a lo largo de cuál de los límites de Massachusetts?
10. ¿Plymouth se encuentra por el lado este u oeste de la bahía Cape Cod?

La Guerra de la Revolución

Haz un cronograma de las fechas y los eventos que están en la tabla.

El 25 de diciembre de 1776, Washington dirige a sus tropas a través del río Delaware en una noche tormentosa.	El 17 de junio de 1775, Los británicos echaron a los americanos de Breed's Hill en la Batalla de Bunker Hill, cerca de Boston, Massachusetts.
El 19 de diciembre de 1777, El ejército de Washington se retira a su cuartel de invierno en Valley Forge.	El 15 de abril de 1783, Los Estados Unidos y los británicos firman el tratado final de paz en París.
El 18 de abril de 1775, Paul Revere advierte a los milicianos en Lexington, Massachusetts, que los británicos se acercan.	El 15 de junio de 1775, El Congreso nombra a George Washington comandante en jefe del Ejército Continental.
El 19 de octubre de 1781, La fuerzas del comandante británico, general de división Cornwallis, se rinden en Yorktown, Virginia.	El 16 de diciembre de 1773, Los bostonianos se disfrazan como americanos nativos, atacan los barcos británicos, y tiran por la borda la carga de té.
El 4 de julio de 1776, Se adopta la Declaración de la Independencia.	El 6 de febrero de 1778, Los Estados Unidos y Francia firman una alianza.

Michigan

Henry Ford was born in 1863 and grew up on a farm near Detroit, Michigan. Henry did not want to become a farmer. Instead he liked fixing watches, <u>repairing</u> tools, and taking apart and rebuilding toys. As soon as Henry finished high school he left the farm and moved to Detroit to become a <u>machinist</u>. He did not earn enough to pay for his room and <u>board</u> so he found a night job repairing watches. He worked six days a week.

In 1896, Ford built his first car in a little <u>shed</u> behind his home. Then he built a winning race car that brought him the <u>revenue</u> he needed to build an <u>affordable</u>, quality car.

Henry formed the Ford Motor Company in 1903. In 1908, the company built the famous Model T or *Tin Lizzie*. Henry's Model T cost less than a horse and wagon and was easier to keep up. Everyone wanted one. To speed up <u>production</u>, Henry developed the assembly line. Instead of workers walking around the plant to do their jobs, now their jobs came to them on <u>conveyor</u> belts. Each worker did the same job all day: some men put on wheels, some put on doors, and others put in the engine. As the cars were <u>mass</u> produced, Henry became aware that the workers were bored with assembly-line work. Many quit. So Henry shortened the ten hour workday in his factories to eight and doubled the workers' pay. In 1927, the last Model T was made. Other manufacturers were making cars <u>inexpensively</u> and car buyers liked these newer models.

Millions of Model Ts were sold all over the world. They changed American life. Highways were built and cities and towns were brought closer together. Henry Ford had started the automobile age.

Michigan

Henry Ford nació en 1863 y creció en una granja cerca de Detroit, Michigan. Henry no quería convertirse en granjero. En vez de eso, le gustaba arreglar relojes, <u>reparar</u> herramientas y desarmar y reconstruir juguetes. Tan pronto como Henry terminó la escuela secundaria, dejó la granja y se mudó a Detroit para convertirse en <u>maquinista</u>. No ganaba lo suficiente para pagar por su habitación y su <u>alimentación</u>, así que encontró un trabajo nocturno reparando relojes. Trabajaba seis días a la semana.

En 1896, Ford construyó su primer carro en un pequeño <u>cobertizo</u> detrás de su casa. Luego construyó un carro de carreras ganador que le ofreció el <u>ingreso</u> que necesitaba para construir un carro de calidad y <u>accesible</u>.

Henry formó la Ford Motor Company en 1903. En 1908, la compañía construyó el famoso Modelo T o *Tin Lizzie*. El Modelo T de Ford costaba menos que un caballo y un carruaje y era más fácil de mantener. Todos querían tener uno. Para acelerar la <u>producción</u>, Henry desarrolló la línea de ensamble. En lugar de tener trabajadores alrededor de toda la planta para hacer su trabajo, ahora los trabajos les llegaban a ellos en bandas <u>transportadoras</u>. Cada trabajador hacía el mismo trabajo todo el día: algunos ponían las llantas, otros ponían las puertas, y otros ponían el motor. Conforme los carros se fabricaban en <u>masa</u>, Henry se dio cuenta que los trabajadores se aburrían con el trabajo de la línea de ensamble. Muchos renunciaron. Así que Henry acortó el día de trabajo de sus fábricas de diez a ocho horas y duplicó el sueldo de los trabajadores. En 1927, se construyó el último Modelo T. Otros fabricantes estaban construyendo carros <u>poco caros</u> y a los compradores de carros les gustaban estos nuevos modelos.

En todo el mundo se vendieron millones de Modelos T. Cambiaron la vida de Norteamérica. Se construyeron autopistas, y las ciudades y los pueblos se acercaron. Henry Ford había iniciado la era del automóvil.

Vocabulary and Comprehension

Match the words with similar meanings.

1.	repairing	quantity
2.	machinist	shack
3.	board	cheaply
4.	shed	meals
5.	revenue	money, capital
6.	affordable	not too costly
7.	production	fixing
8.	conveyor	mechanic
9.	mass	carrier
10.	inexpensively	output

Answer the following questions in complete sentences.

1. Henry was born near what big city?
2. When was Henry born?
3. What did Henry like to do when he was a boy?
4. When did Henry build his first car?
5. When did Henry start the Ford Motor Company?
6. What was the name of the famous car the Ford Motor Company built in 1908?
7. What did Henry develop to speed up production?
8. What did Henry do when the workers became bored with their jobs?
9. How did the assembly line work?
10. When was the last Model T built?

Vocabulario y Comprensión

Haga corresponder las palabras con significados similares.

1.	reparar	cantidad
2.	maquinista	choza
3.	alimentación	baratos
4.	cobertizo	comidas
5.	ingreso	dinero, capital
6.	accesible	no muy costoso
7.	producción	arreglar
8.	transportadoras	mecánico
9.	masa	portadoras
10.	poco caros	rendimiento

Contesta las siguientes preguntas con frases completas.

1. ¿Henry Ford nació cerca de qué gran ciudad?
2. ¿Cuándo nació Henry?
3. ¿Qué le gustaba hacer a Henry cuando era niño?
4. ¿Cuándo construyó Henry su primer carro?
5. ¿Cuándo inició Henry la Ford Motor Company?
6. ¿Cuál fue el nombre del famoso carro que la Ford Motor Company construyó en 1908?
7. ¿Qué desarrolló Henry para acelerar la producción?
8. ¿Qué hizo Henry cuando los trabajadores se aburrieron con sus trabajos?
9. ¿Cómo funcionó la línea de ensamble?
10. ¿Cuándo se construyó el último Modelo T?

Michigan

Lake Superior

Canada

stone

iron ore

copper

Wisconsin

Lake Huron

stone

Saginaw Bay

Lake Michigan

Saginaw

Grand Rapids

Lansing

gravel

Detroit

Kalamazoo

Lake Erie

Indiana

Ohio

Legend

- ● city or town
- ✶ capital city
-  minerals

- 🌳 fruit
- 🥔 potatoes
- 🛢 oil

- 🔥 natural gas
- 👄 beans
- ✗ poultry

82

Michigan

Lago Superior

Canadá

piedra

hierro

cobre

Wisconsin

piedra

Lago Hurón

Bahía Saginaw

Saginaw

Lago
Michigan

Grand Rapids

gravilla

Lansing

Detroit

Lago
Erie

Kalamazoo

Ohio

Indiana

Leyenda

● ciudad o pueblo	fruta	gas natural
✶ capital	papas	frijoles
minerales	petróleo	✕ aves de corral

83

Map Work

Use the map of Michigan to answer the questions. Answer in complete sentences.

1. What three states are Michigan's neighbors?
2. Michigan has two main land regions. What are three natural resources found in the northern region?
3. What foreign country borders a section of Michigan?
4. Name four of the five Great Lakes shown on the map.
5. What is the capital of Michigan?
6. Detroit is next to which of the five Great Lakes?
7. Name the bay that is shown on the map.
8. Many fruit trees are grown along the eastern or western border of Michigan?
9. What are two minerals found in Michigan that are used for energy?
10. What vegetable is grown in Michigan that is used to make French fries?

Pie Chart

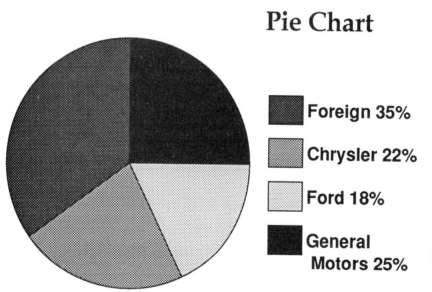

Foreign 35%

Chrysler 22%

Ford 18%

General Motors 25%

One day Susan kept track of the different makes of cars that came into her gas station. Use the chart to answer the questions in complete sentences.

1. What percentage of Ford cars came in that day?
2. Name the three leading American car manufacturers.
3. Were there more Chrysler or foreign cars that day?
4. Which American manufacturer was the most represented that day?
5. Did more American or foreign made cars come in that day?

Tarea Con El Mapa

Usa el mapa de Michigan para contestar con frases completas las siguientes preguntas.

1. ¿Cuales son los tres estados vecinos de Michigan?
2. Michigan tiene dos grandes regiones de tierra. ¿Cuáles son los tres recursos naturales que se encuentran en la región norte?
3. ¿Qué país extranjero tiene frontera con una sección de Michigan?
4. Nombra cuatro de los cinco Grandes Lagos mostrados en el mapa.
5. ¿Cuál es la capital de Michigan?
6. ¿Junto a cuál de los Grandes Lagos se encuentra Detroit?
7. Nombra a la bahía que se muestra en el mapa.
8. Muchos árboles frutales crecen a lo largo de un límite de Michigan. ¿El este o el oeste?
9. ¿Cuáles son los dos minerales que se encuentran en Michigan y que se utilizan para energía?
10. ¿Qué vegetal crece en Michigan que se utiliza para hacer papas fritas?

Gráfica Circular

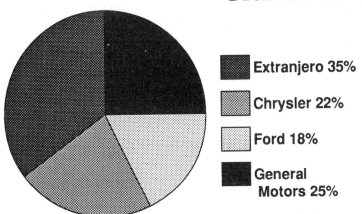

- Extranjero 35%
- Chrysler 22%
- Ford 18%
- General Motors 25%

Un día, Susan llevó un registro de las diferentes marcas de carros que llegaban a su estación de gasolina. Usa la gráfica para contestar las preguntas con frases completas.

1. ¿Qué porcentaje de carros Ford llegaron ese día?
2. Nombra los tres principales fabricantes de carros americanos.
3. ¿De qué carros hubo más ese día, Chrysler o extranjeros?
4. ¿Qué fabricante americano fue el más representado ese día?
5. ¿Ese día llegaron más carros americanos o extranjeros?

Minnesota

The year 1993 had been hard for Cindy and her family who live on a farm in southern Minnesota not far from the Mississippi River. It had been a rainy year. The rain had started in the fall of the <u>previous</u> year. Her family lost many of their crops. The growing season had started out with <u>saturated</u> <u>soil</u>. In June there were <u>constant</u> rainstorms. Cindy, who usually enjoys a good thunderstorm, had had enough!

There had been serious <u>flooding</u> along the Mississippi River and its <u>tributaries</u>. She and her family had watched the water rise as it came nearer and nearer to their home. They had taken many of their <u>personal</u> items to her mother's house. When the water got near their backyard, they moved most of their furniture upstairs. They moved their farm equipment to higher ground. Cindy and her family filled many sandbags to hold back the water.

In August, Cindy's sister did not have water for a week. Their water was <u>contaminated</u> because of the flooding. They bought bottled water and could not take a shower for many days. Cindy's brother, who lives in St. Paul and works on a <u>barge</u>, told her that river traffic had come to a <u>halt</u> for a 500 mile stretch from St. Paul, Minnesota to St. Louis, Missouri. Cindy was glad when the rain finally let up in the fall. She enjoys hiking and fishing and was looking forward to some dry weather.

The Mississippi River is the second longest river in the United States. Only the Missouri River is longer. The Mississippi River begins in northern Minnesota and flows for 2,340 miles (3,766 kilometers) to the Gulf of Mexico.

Minnesota

El año 1993 había sido difícil para Cindy y su familia, que vivían en una granja el sur de Minnesota, no muy lejos del río Mississippi. Había sido un año lluvioso. La lluvia había comenzado en el otoño del año <u>anterior</u>. Su familia perdió muchas de sus cosechas. La estación de cultivo había comenzado con la <u>tierra saturada</u>. En junio hubo <u>constantes</u> tormentas. ¡Cindy, que usualmente disfruta una buena tronada, ya había tenido suficiente!

Hubo serias <u>inundaciones</u> a lo largo del río Mississippi y sus <u>tributarios</u>. Ella y su familia habían visto subir el agua mientras se acercaba más y más a su casa. Ya habían llevado muchos de sus artículos <u>personales</u> a la casa de su madre. Cuando el agua se acercó a su patio trasero, llevaron la mayor parte de los muebles al piso de arriba. Movieron el equipo de la granja a terreno más alto. Cindy y su familia llenaron muchos sacos con arena para contener el agua.

En agosto, la hermana de Cindy no tuvo agua durante una semana. Su agua estaba <u>contaminada</u> por la inundación. Compraron agua embotellada y no se pudieron bañar por muchos días. El hermano de Cindy, que vive en St. Paul y trabaja en una <u>barcaza</u>, le dijo que el tráfico en el río había tenido que <u>hacer alto</u> en un tramo de 500 millas desde St. Paul, Minnesota, hasta St. Louis, Missouri. A Cindy le dio gusto cuando la lluvia finalmente dejó de caer. A ella le gusta escalar y pescar y ya esperaba que hubiera clima seco.

El río Mississippi es el segundo río más largo en los Estados Unidos. Solamente el río Missouri es más largo. El río Mississippi comienza al norte de Minnesota y fluye a lo largo de 2,340 millas (3,766 kilómetros) hacia el Golfo de México.

Vocabulary and Comprehension

Match the words with similar meanings.

1.	previous	dirt
2.	saturated	prior
3.	soil	unclean
4.	flooding	adjoining rivers
5.	personal	soaked
6.	contaminated	continual
7.	barge	individual
8.	halt	boat
9.	constant	stop
10.	tributaries	overflowing water

Answer the following questions in complete sentences.

1. Why was 1993 a hard year for Cindy and her family?
2. Cindy lives near what river?
3. What is a personal item you would want to save in a disaster?
4. Name the longest river in the United States?
5. What did Cindy's family fill during the flooding?
6. Why did Cindy's sister have to drink bottled water?
7. Where does Cindy's brother work?
8. What outdoor activities does Cindy enjoy?
9. The Mississippi River begins in which state?
10. The Mississippi River empties into what body of water?

Vocabulario y Comprensión

Haga corresponder las palabras con significados similares.

1.	anterior	barro
2.	saturada	previo
3.	tierra	sucia
4.	inundaciones	ríos adyacentes
5.	personales	empapada
6.	contaminada	continua
7.	barcaza	individuales
8.	hacer alto	barco
9.	constantes	detenerse
10.	tributarios	aguas desbordadas

Contesta las siguientes preguntas con frases completas.

1. ¿Por qué 1993 fue un año difícil para Cindy y su familia?
2. ¿Cindy vive cerca de qué río?
3. ¿Cuál sería un artículo personal que quisieras salvar en un desastre?
4. Nombra al río más largo de los Estados Unidos.
5. ¿Qué llenó la familia de Cindy durante la inundación?
6. ¿Por qué la hermana de Cindy tuvo que beber agua embotellada?
7. ¿Dónde trabaja el hermano de Cindy?
8. ¿Qué actividades al aire libre le gustan a Cindy?
9. ¿En qué estado comienza el río Mississippi?
10. ¿En qué zona de agua desemboca el río Mississippi?

Minnesota

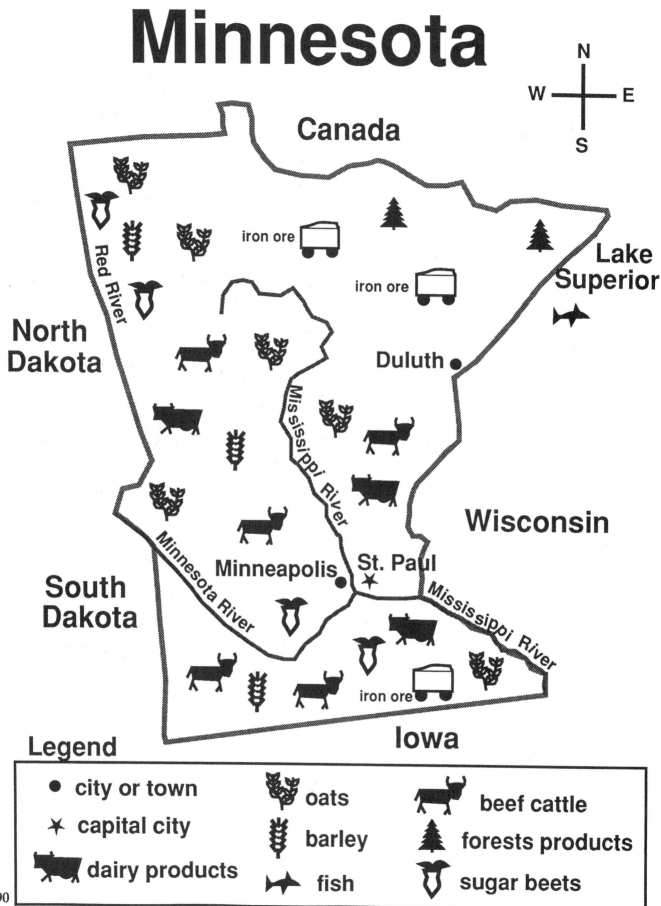

N
W   E
S

Canada

Lake Superior

North Dakota

Red River

iron ore

iron ore

Duluth

Wisconsin

Mississippi River

South Dakota

Minnesota River

Minneapolis

St. Paul

Mississippi River

iron ore

Iowa

Legend

- ● city or town
- ✶ capital city
- dairy products
- oats
- barley
- ✦ fish
- beef cattle
- forests products
- sugar beets

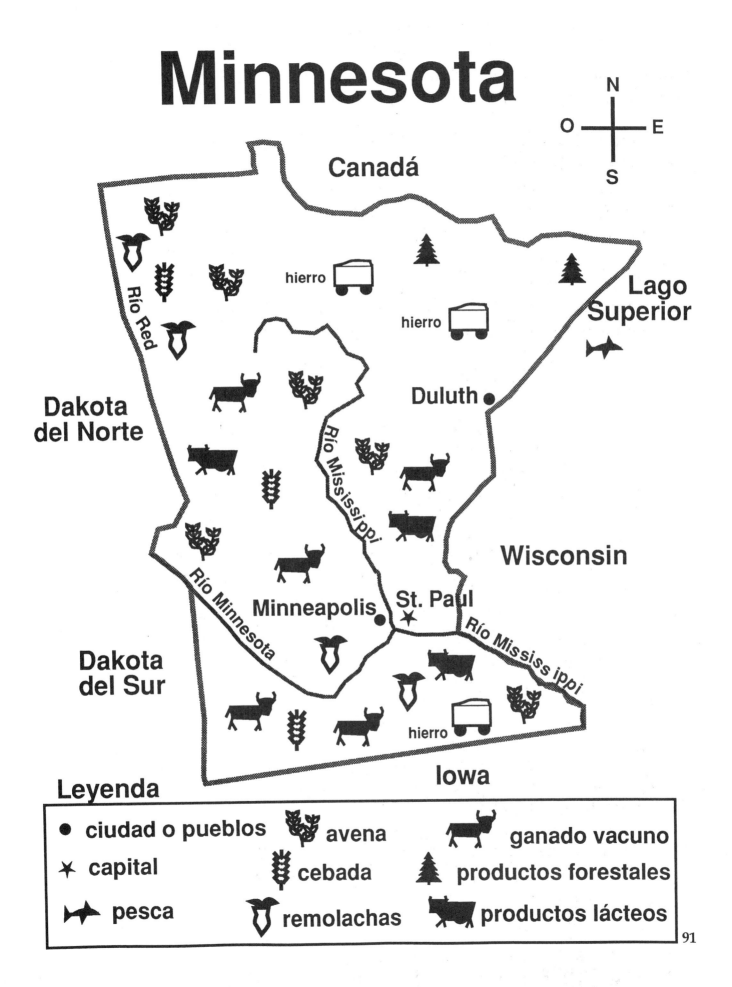

Minnesota

N
O · E
S

Canadá

Lago Superior

Río Red

hierro

hierro

Dakota del Norte

Duluth

Río Mississippi

Wisconsin

Río Minnesota

Minneapolis

St. Paul

Río Mississippi

Dakota del Sur

hierro

Iowa

Leyenda

- • ciudad o pueblos
- ✦ capital
- pesca
- avena
- cebada
- remolachas
- ganado vacuno
- productos forestales
- productos lácteos

91

Map Work

Use the map of Minnesota to answer the questions. Answer in complete sentences.

1. Name the river that runs between Minneapolis and St. Paul.
2. What is the capital of Minnesota?
3. What country is north of Minnesota?
4. Name the river that makes up part of Minnesota's western border.
5. What four states are Minnesota's neighbors?
6. Duluth is next to which of the five Great Lakes?
7. What are two grains grown in Minnesota?
8. Name the natural resource found in Minnesota that is used to make railroad tracks.

The Five Great Lakes

Use the map to answer the questions in complete sentences.
1. Name the five Great Lakes.
2. Which Great Lake is the farthest east?
3. Name the Great Lake which is the farthest north.
4. Which Great Lake is between Wisconsin and Michigan?
5. Which Great Lake borders Ohio?

Tarea Con El Mapa

Usa el mapa de Minnesota para contestar con frases completas las siguientes preguntas.

1. Nombra al río que corre entre Minneapolis y St. Paul.
2. ¿Cuál es la capital de Minnesota?
3. ¿Qué país está al norte de Minnesota?
4. Nombra al río que forma parte del límite oeste de Minnesota.
5. ¿Cuales son los cuatro estados vecinos de Minnesota?
6. ¿Junto a cuál de los Grandes Lagos se encuentra Duluth?
7. ¿Cuáles son los dos granos se cultivan en Minnesota?
8. Nombra al recurso natural que se encuentra en Minnesota que se usa para hacer vías de ferrocarril.

Los Cinco Grandes Lagos

Usa el mapa para contestar con frases completas las siguientes preguntas.
1. Nombra los cinco Grandes Lagos.
2. ¿Cuál de los Grandes Lagos se encuentra más al este?
3. Nombra al Gran Lago que está más al norte.
4. ¿Cuál de los Grandes Lagos se encuentra entre Wisconsin y Michigan?
5. ¿Cuál de los Grandes Lagos limita a Ohio?

Mississippi

In 1865, after the Civil War, Joseph became a <u>sharecropper</u>. He no longer was a slave but a freedman. Many of the large <u>plantations</u> were divided into smaller farms and worked by <u>tenant</u> farmers. He and his family lived in a <u>ramshackled</u> cabin in the middle of a cotton field. The landowner provided seed, <u>fertilizer</u>, tools, and work animals. Joseph and his family provided the labor. After the harvest, half (sometimes more) of his <u>yield</u> went to the landowner as rent payment. Some years the harvest was small because of bad weather or insects, but the landowner's fee remained the same. Little by little, Joseph and his family became <u>indebted</u> to the landowner. Joseph's children did not go to school because they were needed to work in the fields.

Occasionally Joseph heard about the progress being made by Reconstruction. The Reconstruction <u>Era</u> followed the Civil War. It marked the beginning of efforts to rebuild the war torn south. In 1868, Mississippi elected delegates to write a new state constitution. For the first time, black men in Mississippi were allowed to vote. The 1870 Mississippi state constitution extended the right to vote to all male citizens including those who did not own property. Free public education was established for all children.

This constitution was not very popular with some people. Many whites did not want political and economic equality with former slaves. Soon an era of violence began. The Ku Klux Klan, an organization of masked terrorists, rose to enforce white supremacy. In 1890, a new state constitution was written. It prevented poor people, especially blacks, from voting. Tax, residence, and <u>literacy</u> <u>requirements</u> had to be met by voters. The gains made during the 1870's were set back by the 1890 state constitution.

Mississippi

En 1865, después de la Guerra Civil, Joseph se convirtió en aparcero. Ya no era un esclavo, sino que era un hombre libre. Muchas de las grandes plantaciones se dividieron en pequeñas granjas y las trabajaban granjeros arrendatarios. El y su familia vivían en una cabaña desvencijada en medio del campo de algodón. El propietario de la tierra ofrecía semilla, fertilizante, herramientas y animales de trabajo. Joseph y su familia proporcionaban la mano de obra. Después de la recolección, la mitad (algunas veces más) de su producción se iba con el propietario de la tierra como pago por la renta. Algunos años, la recolección era poca debido al mal clima o los insectos, pero la cuota del propietario de la tierra seguía siendo la misma. Poco a poco, Joseph y su familia se endeudaron con el propietario de la tierra. Los hijos de Joseph no iban a la escuela porque necesitaban trabajar en los campos.

De vez en cuando, Joseph escuchaba acerca del progreso que se lograba con la Reconstrucción. La Era de la Reconstrucción siguió a la Guerra Civil. Marcaba el inicio de los esfuerzos para reconstruir al sur desgarrado por la guerra. En 1868, Mississippi eligió delegados para escribir una nueva constitución del estado. Por primera vez, se permitía que votaran los hombres negros en Mississippi. La constitución del estado de 1870 extendía el derecho a votar a todos los ciudadanos varones, incluyendo aquellos que no tuvieran propiedades. Se estableció la educación pública gratuita para todos los niños.

Esta constitución no fue muy popular con algunas personas. Muchos blancos no querían la igualdad política y económica con los antiguos esclavos. Pronto inició una era de violencia. Surgió el Ku Klux Klan, una organización de terroristas enmascarados, para reforzar la supremacía blanca. En 1890, se escribió una nueva constitución del estado. Evitaba que la gente pobre votara, en especial los negros. Los votantes tenían que cumplir con requerimientos de impuestos, residencia y alfabetismo. Los avances logrados durante los 1870 retrocedieron a causa de la constitución del estado de 1890.

Vocabulary and Comprehension

Match the words with similar meanings.

1.	sharecropper	renter
2.	plantations	crop
3.	tenant	owing money
4.	ramshackled	reading and writing
5.	fertilizer	farmer
6.	yield	qualifications
7.	indebted	manure
8.	era	farms
9.	literacy	period of time
10.	requirements	dilapidated

Answer the following questions in complete sentences.

1. Was Joseph a slave after the Civil War?
2. What did Joseph do after the Civil War?
3. What happened to many of the large plantations after the war?
4. Did Joseph own his farm?
5. Did Joseph's children go to school?
6. How did he become indebted to the landowner?
7. What was the Reconstruction Era?
8. What did the 1870 Mississippi state constitution provide?
9. Why were many whites upset with the 1870 state constitution?
10. Which Mississippi state constitution was more democratic, the 1870 or the 1890?

Vocabulario y Comprensión

Haga corresponder las palabras con significados similares.

1.	aparcero	inquilinos
2.	plantaciones	cosecha
3.	arrendatarios	debían dinero
4.	desvencijada	leer y escribir
5.	fertilizante	granjero
6.	producción	requisitos
7.	endeudaron	abono
8.	era	granjas
9.	requerimientos	periodo de tiempo
10.	alfabetismo	ruinosa

Contesta las siguientes preguntas con frases completas.

1. ¿Era Joseph esclavo después de la Guerra Civil?
2. ¿Qué hacía Joseph después de la Guerra Civil?
3. ¿Qué pasó con muchas de las grandes plantaciones después de la guerra?
4. ¿Era Joseph propietario de su granja?
5. ¿Los hijos de Joseph iban a la escuela?
6. ¿Cómo se endeudó con el propietario de la tierra?
7. ¿Qué fue la Era de la Reconstrucción?
8. ¿Qué disponía la constitución del estado de Mississippi de 1870?
9. ¿Por qué se enojaron muchos blancos con la constitución del estado de 1870?
10. ¿Cuál de las constituciones del estado de Mississippi era más democrática, la de 1870 o la de 1890?

Mississippi

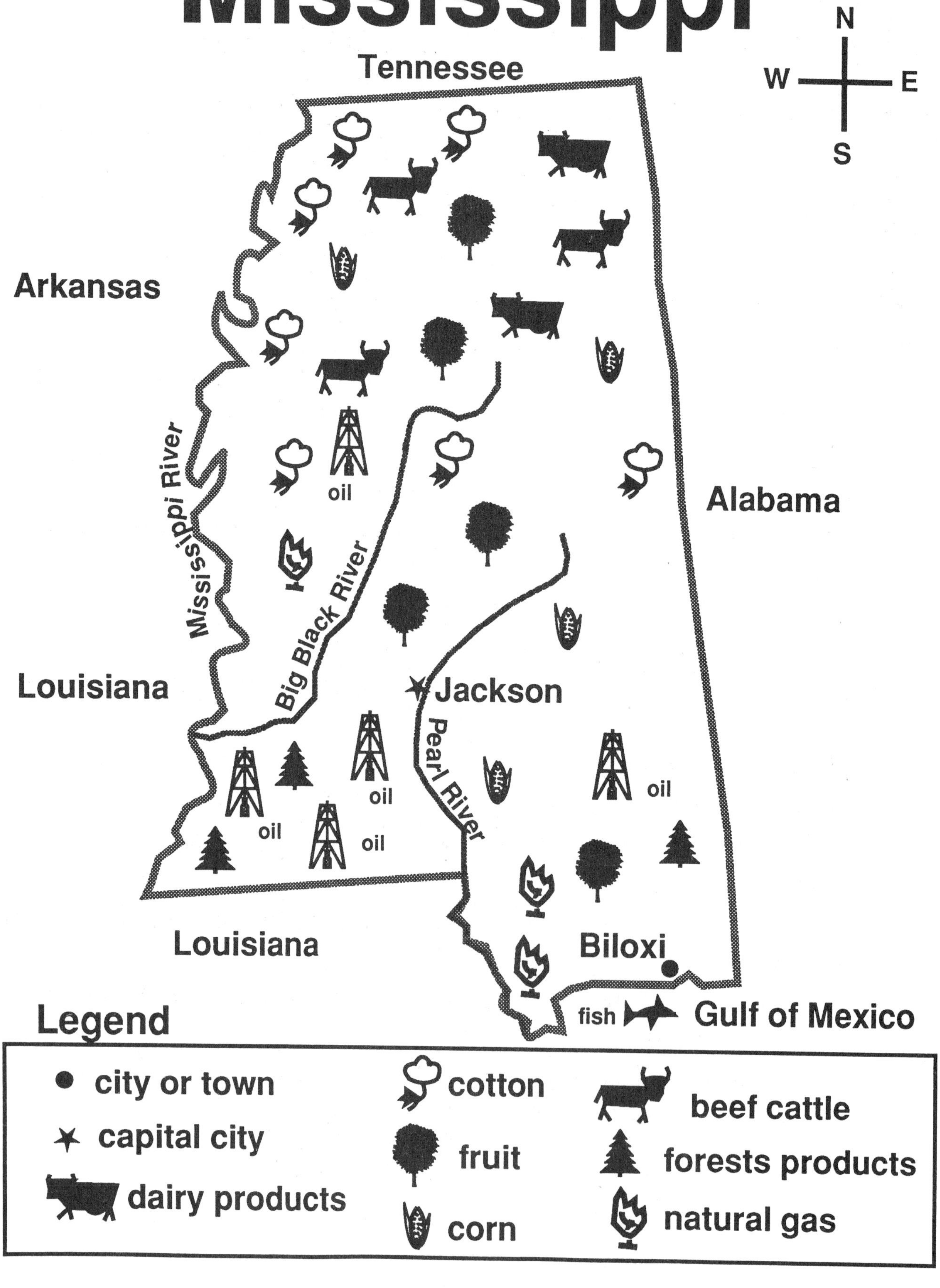

N **W** **E** **S**

Tennessee

Arkansas

Mississippi River

Big Black River

oil

Louisiana

Pearl River

✶ Jackson

Alabama

oil

oil

oil

oil

oil

Louisiana

Biloxi ●

fish ➤ Gulf of Mexico

Legend

● city or town

✶ capital city

🐄 dairy products

☁ cotton

🔴 fruit

🌽 corn

🐂 beef cattle

🌲 forests products

🔥 natural gas

98

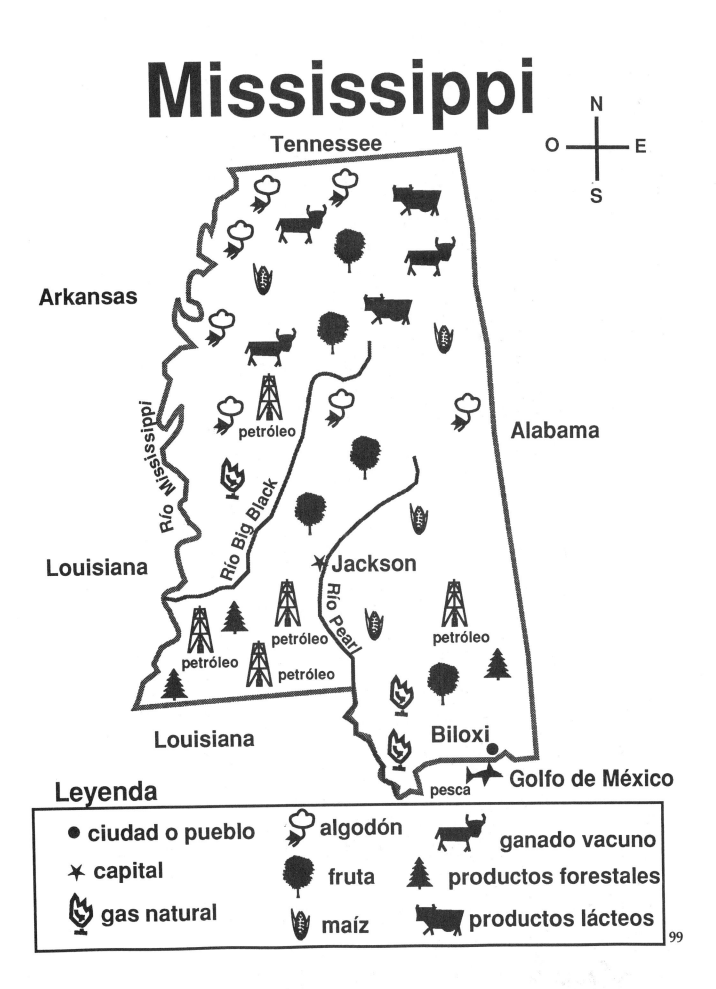

Mississippi

N · O · E · S

Tennessee

Arkansas

Alabama

Río Mississippi

Río Big Black

petróleo

Louisiana

Río Pearl

✱ Jackson

petróleo

petróleo

petróleo

petróleo

petróleo

Louisiana

Biloxi

pesca

Golfo de México

Leyenda

- ● ciudad o pueblo
- ✱ capital
- gas natural
- algodón
- fruta
- maíz
- ganado vacuno
- productos forestales
- productos lácteos

99

Map Work

Use the map of Mississippi to answer the questions. Answer in complete sentences.

1. What river makes up the western border of Mississippi?
2. What crop grows along the western border of Mississippi?
3. Name two livestock animals raised in Mississippi.
4. What four states are Mississippi's neighbors?
5. Name two foods grown in Mississippi.
6. What natural resource is found in Mississippi that is used in making gasoline?
7. Name the three rivers shown on the map.
8. What body of water is south of Mississippi?
9. What natural resource is found in Mississippi that is used for cooking and heating?
10. What is the capital of Mississippi?

The Mississippi River

Use the map at the left to answer the questions in complete sentences.

1. How many states border the Mississippi River?
2. The Mississippi River empties into what body of water?
3. The Mississippi River begins in which state?
4. Name the states that have the Mississippi River as part or all of their eastern border.
5. Name the states that have the Mississippi River as part or all of their western border.

Tarea Con El Mapa

Usa el mapa de Mississippi para contestar con frases completas las siguientes preguntas.

1. ¿Qué río forma el límite oeste de Mississippi?
2. ¿Qué cultivo crece a lo largo del límite oeste de Mississippi?
3. Nombra dos clases de ganado que se crían en Mississippi.
4. ¿Cuales son los cuatro estados vecinos de Mississippi?
5. Nombra dos alimentos que se cultivan en Mississippi.
6. ¿Qué recurso natural que se encuentra en Mississippi se utiliza para fabricar gasolina?
7. Nombra los tres ríos que se muestran en el mapa.
8. ¿Qué zona de agua se encuentra al sur de Mississippi?
9. ¿Qué recurso natural se encuentra en Mississippi que se utiliza para cocinar y para calefacción?
10. ¿Cuál es la capital de Mississippi?

El Río Mississippi

Usa el mapa a la izquierda para contestar con frases completas las siguientes preguntas.

1. ¿Por cuántos estados corre el río Mississippi?
2. ¿En qué zona de agua des- emboca el río Mississippi?
3. ¿En qué estado comienza el río Mississippi?
4. Nombra los estados que tengan al río Mississippi como parte de su límite este, o que sea todo.
5. Nombra los estados que tengan al río Mississippi como parte de su límite oeste, o que sea todo.

Missouri

Johnny was ten years old living in St. Joseph, Missouri in 1860. He was excited about the Pony Express. He read posters that said:

> ### WANTED
> Young Skinny Wiry <u>fellows</u> not over eighteen. Must be expert riders willing to risk death daily. <u>Orphans</u> preferred. Wages $25 per week.

On April 3, 1860, Johnny was standing with the crowds that gathered in town to see the beginning of the <u>express</u> mail service. Flags flew and bands played. Everyone was waiting for the train that would bring the mail from the East. When the train arrived, the rider took the mail, leaped on his horse, and raced down the street to a paddlewheel steamboat which was waiting to <u>ferry</u> them across the Missouri River to Kansas. He was off to begin the 2,000 mile journey from St. Joseph, Missouri to Sacramento, California.

Each rider on the Pony Express rode an average of 10 to 15 miles before stopping at a relay station to change horses (allowing only two minutes for the switch). After several hours of fast riding, the rider would stop at a home station where a new rider would carry the mail along the next leg of the Pony Express <u>route</u>. The mail was carried in a leather saddlebag called a *mochila*. The route took around ten days.

Johnny heard exciting stories about the Pony Express. Riders rode day and night, through snow and rain storms, and crossed raging rivers, hot dry deserts, and tall mountains. Some riders were chased by <u>hostile</u> Native Americans, bandits, or wolves.

After 18 months of <u>dedicated</u> and <u>valuable</u> service, the Pony Express ended in October of 1861, when the <u>transcontinental</u> <u>telegraph</u> line was completed.

Missouri

Johnny tenía diez de edad cuando vivía en St. Joseph, Missouri, en 1860. Estaba emocionado con el Pony Express. Leyó los anuncios que decían:

> ### SE BUSCAN
> Muchachos jóvenes, delgados, resistentes, no mayores de dieciocho años. Deben ser expertos jinetes dispuestos a arriesgar la vida todos los días. De preferencia huérfanos. Sueldo: $25 por semana.

El 3 de abril de 1860, Johnny estaba parado con la multitud que se reunió en la ciudad para ver el inicio del servicio postal expreso. Las banderas ondeaban y las bandas de música tocaban. Todos esperaban al tren que traería el correo desde el Este. Cuando llegó el tren, un jinete recogió el correo, saltó sobre su caballo, y cabalgó por la calle hacia un barco de vapor de paletas que esperaba para transbordarlos a través del río Missouri hacia Kansas. Iba a comenzar el viaje de 2,000 millas desde St. Joseph, Missouri, hasta Sacramento, California.

Cada jinete del Pony Express montaba un promedio de 10 a 15 millas antes de detenerse en una estación de relevo para cambiar caballos (permitiendo solamente dos minutos para el cambio). Después de varias horas de cabalgar rápidamente, el jinete se detendría en una estación base donde un nuevo jinete llevaría el correo a lo largo del siguiente ramal de la ruta del Pony Express. El correo se llevaba en una alforja de piel llamada *mochila*. La ruta duraba alrededor de diez días.

Johnny escuchaba emocionantes historias acerca del Pony Express. Los jinetes montaban día y noche, a través de tormentas de nieve y de agua, y cruzaban ríos agitados, desiertos ardientes y altas montañas. Algunos jinetes eran perseguidos por americanos nativos hostiles, bandidos, o lobos.

Después de 18 meses de servicio consagrado y valioso, el Pony Express terminó en octubre de 1861, cuando se completó la línea telegráfica transcontinental.

Vocabulary and Comprehension

Match the words with similar meanings.

1.	fellows	fast
2.	orphans	helpful
3.	express	devoted to a cause
4.	dedicated	course
5.	valuable	wire communication
6.	route	take across in a boat
7.	hostile	without parents
8.	ferry	unfriendly
9.	transcontinental	young men
10.	telegraph	extending across a continent

Answer the following questions in complete sentences.

1. What was the Pony Express?
2. Where was the eastern destination of the Pony Express?
3. When did the Pony Express begin?
4. What was the difference between a relay station and a home station?
5. What was a *mochila*?
6. How long did the Pony Express last?
7. What were a couple of difficulties riders experienced?
8. How long did the route take?
9. When did the Pony Express end?
10. How far was the journey?

Vocabulario y Comprensión

Haga corresponder las palabras con significados similares.

1. muchachos	rápido
2. huérfanos	útil
3. expreso	dedicado a una causa
4. consagrado	curso
5. valioso	comunicación por alambre
6. ruta	cruzarlos a través de un barco
7. hostiles	sin padres
8. transbordarlos	no amistosos
9. transcontinental	jóvenes
10. telegráfica	que se extiende a través de un continente

Contesta las siguientes preguntas con frases completas.

1. ¿Qué era el Pony Express?
2. ¿Dónde estaba el destino al este del Pony Express?
3. ¿Cuándo comenzó el Pony Express?
4. ¿Cuál era la diferencia entre una estación de relevo y una estación base?
5. ¿A qué se le llamaba *mochila*?
6. ¿Cuánto duró el Pony Express?
7. ¿Cuáles eran un par de dificultades que experimentaban los jinetes?
8. ¿Cuánto tiempo tardaba la ruta?
9. ¿Cuándo terminó el Pony Express?
10. ¿Qué distancia tenía el viaje?

Missouri

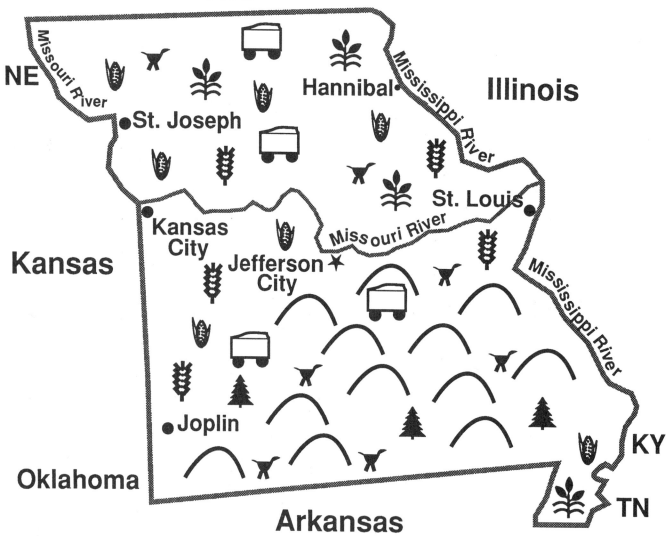

Legend

- ● city or town
- ✶ capital city
- 🚃 coal
- NE - Nebraska
- 🦃 poultry
- 🌾 wheat
- 🌽 corn
- TN - Tennessee
- 🌱 soybeans
- 🌲 forests products
- ⌒ Ozark Mountains
- KY - Kentucky

106

Missouri

Iowa

NE

Illinois

Kansas

Oklahoma

Arkansas

KY

TN

Río Missouri

Río Mississippi

Río Missouri

Río Mississippi

St. Joseph

Hannibal

St. Louis

Kansas City

Jefferson City

Joplin

Leyenda

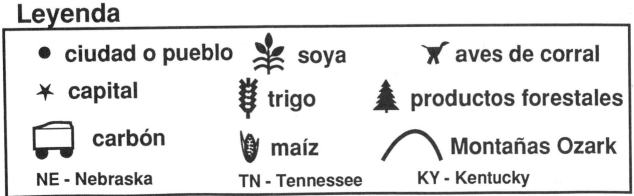

- • ciudad o pueblo
- ★ capital
- carbón

soya

trigo

maíz

aves de corral

productos forestales

Montañas Ozark

NE - Nebraska   TN - Tennessee   KY - Kentucky

Map Work

Use the map of Missouri to answer the questions. Answer in complete sentences.

1. What are three crops grown in Missouri?
2. Name the mountains that are in southern Missouri.
3. The famous author Mark Twain grew up in Hannibal, Missouri. Hannibal is next to which river?
4. What is the capital of Missouri?
5. Name the city in the southwest corner of Missouri.
6. What natural resource is found in Missouri that is used for energy in many factories?
7. Name the river that runs through Missouri.
8. St. Louis is next to which river?
9. What eight states are Missouri's neighbors?
10. Name the two cities in western Missouri that are next to the Missouri River.

Time Line

Make a Time Line using the dates and events in the table.

1920's	Jazz Age	1877	Reconstruction Ends.
1860-1861	Pony Express delivers mail. Civil War begins.	1620	Pilgrims land at Plymouth Rock.
1775-1783	Revolutionary War	1908	First Model T is built.
1865	Civil War ends. Reconstruction begins.	1871	Great Fire of Chicago
1911	First Indianapolis 500 Auto Race	1492	Christopher Columbus lands in the "New World."
1941-1945	World War II	1769	First Spanish Mission is built in California.

Tarea Con El Mapa

Usa el mapa de Missouri para contestar con frases completas las siguientes preguntas.

1. ¿Cuáles son tres cultivos que hay en Missouri?
2. Nombra las montañas que se encuentran al sur de Missouri.
3. El famoso autor Mark Twain creció en Hannibal, Missouri. ¿Junto a qué río se encuentra Hannibal?
4. ¿Cuál es la capital de Missouri?
5. Nombra a la ciudad del rincón suroeste de Missouri.
6. ¿Qué recurso natural se encuentra en Missouri que se utiliza para energía en muchas fábricas?
7. Nombra al río que corre a través de Missouri.
8. ¿Junto a qué río se encuentra St. Louis?
9. ¿Cuales son los ocho estados vecinos de Missouri?
10. Nombra las dos ciudades al oeste de Missouri que están junto al río Missouri.

Cronograma

Haz un cronograma de las fechas y los eventos que están en la tabla.

1920-1929	La Época del Jazz	1877	Termina la Reconstrucción.
1860-1861	El Pony Express entrega correo. Comienza la Guerra Civil.	1620	Los Peregrinos llegan a Plymouth Rock.
1775-1783	La Guerra de la Revolución	1908	Se construye el primer Modelo T.
1865	Termina la Guerra Civil. Comienza la reconstrucción.	1871	El Gran Incendio de Chicago
1911	La Primera Carrera de Carros Indianapolis 500	1492	Cristóbal Colón desembarca en el "Nuevo mundo."
1941-1945	Segunda Guerra Mundial	1769	Se construye la primera misión española en California.

Answer Key

Illinois

Vocabulary (page 8)

1. advancing - progressing	6. pine - wood
2. crib - bin	7. cinders - embers
3. scattered - spread out	8. collapsing - falling
4. drought - lack of moisture	9. prairie - grassland
5. kindling - tinder	10. nightmare - bad dream

Comprehension (page 8)

1. The Great Fire of Chicago was in 1871.
2. Wooden homes, barns filled with hay, and pine fences are three reasons why the fire spread so quickly.
3. They were on the prairie west of the city.
4. A cold drizzle began to fall.
5. They camped on the prairie.
6. Large rats ran out from under the sidewalks.
7. The fire took place in October.
8. No, Chicago rebuilt in brick and iron.
9. The fire began on Sunday.
10. Chicago was having a drought.

Map Work (page 12)

1. Oil is found in southern Illinois.
2. Iowa, Missouri, Kentucky, Indiana, and Wisconsin are Illinois' neighbors.
3. Chicago is next to Lake Michigan.
4. Three rivers are borders for Illinois.
5. The capital of Illinois is Springfield.
6. The Illinois River, Kaskaskia River, and Ohio River are tributaries of the Mississippi River.
7. The Mississippi River makes up the western border of Illinois.
8. Hogs, poultry, and cows are three farm animals raised in Illinois.
9. Three crops grown in Illinois are corn, vegetables, and wheat.

Anachronisms (page 12)

1. A
2.
3. A
4.
5. A
6. A
7.
8. A
9. A
10. A

Las Respuestas

Illinois

Vocabulario (página 9)

1. avanzando - progresando	6. pino - madera
2. granero - recipiente	7. cenizas - brasas
3. esparcidas - extendidas	8. derrumbándose - cayéndose
4. sequía- falta de humedad	9. pradera - pastizal
5. leña - yesca	10. pesadilla - mal sueño

Comprensión (página 9)

1. El gran incendio de Chicago fue en 1871.
2. Las casas de madera, los pajares llenos de heno y las cercas de pino son tres razones por las que el fuego se extendió tan rápidamente.
3. Estaban en la pradera al oeste de la ciudad.
4. Comenzó a caer una fría llovizna.
5. Acamparon en la pradera.
6. Ratas grandes salieron corriendo por debajo de las aceras.
7. El incendio ocurrió en octubre.
8. No, Chicago se reconstruía con ladrillo y acero.
9. El incendio comenzó un domingo.
10. Chicago sufría una sequía.

Tarea con el mapa (página 13)

1. Petróleo se encuentra al sur de Illinois.
2. Los estados vecinos de Illinois son Iowa, Missouri, Kentucky, Indiana, y Wisconsin.
3. Chicago se encuentra junto al Lago Michigan.
4. Tres ríos son límites de Illinois.
5. Springfield es la capital de Illinois.
6. El río Illinois, río Kaskaskia, y río Ohio son tributarios del río Mississippi.
7. El río Mississippi que forma el límite oeste de Illinois.
8. En Illinois se crían cerdos, aves de corral, y vacas.
9. En Illinois se cultivan maíz, vegetales, y trigo.

Anacronismos (página 13)

1. A
2.
3. A
4.
5. A
6. A
7.
8. A
9. A
10. A

Indiana

Vocabulary (page 16)

1. clocked - registered speed	6. generate - produce
2. sleek - smooth and glossy	7. binoculars - field glasses
3. mph - miles per hour	8. spectators - audience
4. km/h - kilometers per hour	9. grandstand - bleachers
5. horsepower - the power that a horse exerts in pulling	10. maneuverable - turns easily

Comprehension (page 16)

1. Eddie always brings binoculars.
2. Eddie lives in Indianapolis.
3. They go to the Indianapolis 500 Auto Race.
4. A race car engine can generate around 800 horsepower.
5. The course is 2 1/2 miles.
6. The race is 500 miles.
7. The first Indy 500 was in 1911.
8. Time trials are held a week before the race to determine the starting position of the cars.
9. The best starting position is the first row, closest to the inside of the track.
10.

Race	Length of Race	Top Speed	1st Place Prize Money
1911 Indy 500	6 hours & 42 min.	74.59 mph	$25,000
1996 Indy 500	3 hours & 23 min.	236.10 mph	$1,367,854

Map Work (page 20)

1. The capital of Indiana is Indianapolis.
2. Tobacco is grown along the Ohio River.
3. Oil and coal are two minerals found in Indiana.
4. Cattle, poultry, and hogs are raised in Indiana.
5. The Ohio River makes up Indiana's southern border.
6. Michigan, Illinois, Kentucky, and Ohio are Indiana's neighbors.
7. Gary is next to Lake Michigan.
8. Corn is eaten by both people and animals.

Concept Tree (page 20)

1. Ford, Chrysler, and General Motors are the three major American car manufacturers.
2. Dodge, Eagle, and Plymouth are made by Chrysler.
3. GM is the abbreviation for General Motors.
4. Ford makes the Mustang.
5. General Motors makes Chevrolet.
6. Answers will vary.

Indiana

Vocabulario (página 17)

1. cronometró - velocidad registrada	6. generar - producir
2. pulidos - lisos y brillantes	7. binoculares - lentes de campo
3. mph - millas por hora	8. espectadores - público
4. km/h - kilómetros por hora	9. tribuna - gradería
5. caballos de fuerza - la potencia que ejerce un caballo al jalar	10. maniobrable - da vuelta fácilmente

Comprensión (página 17)

1. Eddie siempre lleva sus binoculares.
2. Eddie vive en Indianapolis.
3. Él y su papa van a la carrera de carros Indianapolis 500.
4. El motor de un carro de carreras puede generar alrededor de 800 caballos de fuerza.
5. La pista mide 2 1/2 millas.
6. La carrera es de 500 millas.
7. La primera Indy 500 fue en 1911.
8. La semana anterior a la carrera se hacen pruebas de tiempo para determinar la posición inicial de los carros.
9. La mejor posición para iniciar es la primera fila, la más cerca al interior de la pista.
10.

Carrera	Tiempo para ganar	Velocidad máxima	Dinero del premio para el 1er lugar
Indy 500 de 1911	6 horas y 42 minutos	74.59 mph	$25,000
Indy 500 de 1996	3 horas y 23 minutos	236.10 mph	$1,367,854

Tarea con el mapa (página 21)

1. Indianapolis es la capital de Indiana.
2. El tabaco crece a lo largo del río Ohio.
3. Se encontraron petróleo y carbón en Indiana.
4. En Indiana se crían ganado vacuno, aves de corral, y cerdos.
5. El río Ohio forma el límite sur de Indiana.
6. Los estados vecinos de Indiana son Michigan, Illinois, Kentucky, y Ohio.
7. Gary se encuentra junto al Lago Michigan.
8. Tanto la gente como los animales comen maíz.

Árbol de conceptos (página 21)

1. Ford, Chrysler, y General Motors son los tres principales fabricantes de carros americanos.
2. Chrysler fabrica los Dodge, Eagle, y Plymouth.
3. GM es la abreviatura de General Motors.
4. Ford fabrica el Mustang.
5. General Motors fabrica los Chevrolet.
6. Las respuestas pueden variar.

Iowa

Vocabulary (page 24)

1. couple - two	6. silage - coarse food for cattle, horse, or sheep
2. acres - measures of land	7. lambs - baby sheep
3. dairy - milk producing	8. livestock - farm animals
4. crops - plants that can be harvested	9. silo - a tall cylinder used for making and storing silage
5. chores - jobs	10. skim - take off floating layer

Comprehension (page 24)

1. Corn, soybeans, hay, and oats are grown on the farm.
2. Most of the corn is used to feed livestock.
3. Their farm is located near Fairfield, Iowa.
4. They help feed the animals and gather the eggs.
5. The farm is 360 acres.
6. Hogs, sheep, chickens, cattle, dairy cows, cats, and dogs live on the farm.
7. Susan wishes she could visit the farm in the spring when the lambs are born.
8. He skims the cream off the fresh milk to make his ice cream.
9. The purpose of a silo is to store silage.
10. Crops can be damaged because of severe storms, droughts, or diseases.

Map Work (page 28)

1. Davenport is next to the Mississippi River.
2. Des Moines is the name of both a city and a river.
3. Minnesota, South Dakota, Nebraska, Missouri, Illinois, and Wisconsin are Iowa's neighbors.
4. Hay and corn are used to feed animals.
5. The Mississippi River runs along Iowa's eastern border.
6. Poultry, sheep, and hogs are raised in Iowa.
7. Des Moines is the capital of Iowa.
8. Coal is found in Iowa.
9. The Big Sioux and the Missouri rivers make up Iowa's western border.

Column Graph (page 28)

1. Fifty sheep are on the farm.
2. The farm has 100 head of cattle.
3. They have more hogs than any other animal.
4. They have less than fifty each of chickens, cats, and dogs.
5. They have more cats.

Iowa

Vocabulario (página 25)

1. par - dos	6. forraje - alimento ordinario para vacas, caballos u ovejas
2. acres - medidas de superficie	7. corderos - ovejas bebés
3. lecheras - productoras de leche	8. ganado - animales de granja
4. cultivos - plantas que se pueden cosechar	9. silo - un cilindro alto que se usa para almacenar el ensilaje
5. quehaceres - trabajos	10. desnata - quitar la capa flotante

Comprensión (página 25)

1. En la granja se cultivan maíz, soya, y avena.
2. La mayor parte del maíz se utiliza para alimentar al ganado.
3. Su granja se localiza cerca de Fairfield, Iowa.
4. Ayudaban a alimentar a los animales y a recoger los huevos.
5. La granja tiene 360 acres.
6. En la granja viven cerdos, ovejas, pollos, vacas, vacas lecheras, gatos y perros.
7. A Susan le gustaría visitar la granja en la primavera, cuando nacen los corderos.
8. El desnata la crema de la leche fresca para hacer su helado.
9. El silo se utiliza para almacenar forraje.
10. Los cultivos se puedan dañar por tormentas, sequías o enfermedades severas.

Tarea con el mapa (página 29)

1. Davenport se encuentra junto al río Mississippi.
2. Des Moines tiene nombre de una ciudad y un río.
3. Los estados vecinos de Iowa son Minnesota, Dakota del Sur, Nebraska, Missouri, Illinois, y Wisconsin.
4. Se utilizan heno y maíz para alimentar animales.
5. El río Mississippi corre a lo largo del límite este de Iowa.
6. En Iowa se crían aves de corral, ovejas, y cerdos.
7. Des Moines es la capital de Iowa.
8. Se encontró carbón en Iowa.
9. El Big Sioux y el Missouri ríos que forman el límite oeste de Iowa.

Gráfica de barras (página 29)

1. Hay cincuenta ovejas en la granja.
2. La granja tiene 100 cabezas de ganado.
3. Tienen más cerdos que ningún otro animal.
4. Tienen menos de cincuenta pollos, gatos y perros.
5. Tienen más gatos.

Kansas

Vocabulary (page 32)

1.	proslavery - in favor of slavery	6.	property - land and possessions
2.	territory - area	7.	dominant - controlling
3.	mobs - gangs	8.	raided - attacked
4.	distant - far away	9.	carpet - rug
5.	abolitionist - against slavery	10.	confederates - supporters of the southern states during the Civil War

Comprehension (page 32)

1. Kansas became known as "bleeding Kansas" because proslavery groups and abolitionists fought for control of the territory before it became a state.
2. Kansas entered the Union as a free state.
3. The Kansas-Nebraska Act allowed the residents in a territory to decide whether their state would enter the Union as a free or slave state.
4. Becky's two older brothers went to fight in the Civil War.
5. The confederate captain's name was William Quantrill.
6. He or she was for slavery.
7. Abolitionists were against slavery.
8. In 1854 Becky and her family moved to Kansas.
9. They started their farm near Lawrence, Kansas.
10. John Brown was the famous abolitionist that led raids in Kansas.

Map Work (page 36)

1. It has that nickname because a lot of wheat is grown in Kansas.
2. Lawrence is east of Topeka.
3. Coal and oil are found in Kansas.
4. Colorado, Oklahoma, Missouri, and Nebraska are Kansas' neighbors.
5. Wheat and corn are grown in Kansas.
6. Cattle and hogs are raised in Kansas.
7. The Missouri River is east of Kansas City, Kansas.
8. Topeka is the capital of Kansas.
9. The Arkansas River runs through western Kansas.
10. More wheat is grown in western Kansas.

The Civil War (page 36)

1. Twenty-four states fought for the Union.
2. Five slaves states fought for the Union.
3. Eleven states fought for the Confederacy.
4. No, Colorado was not a state during the Civil War.
5. Oregon and California supported the Union.
6. Kansas supported for the Union.

Kansas

Vocabulario (página 33)

1. pro-esclavista - a favor de la esclavitud	6. propiedades - tierra y posesiones
2. territorio - área	7. dominante - controlador
3. turbas - pandillas	8. atacado - asaltado
4. distantes - lejanas	9. tapete - alfombra
5. abolicionista - contra la esclavitud	10. confederados - apoyadores de los estados del sur durante la Guerra Civil

Comprensión (página 33)

1. A Kansas se le llegó a conocer como la "sangrienta Kansas" porque los grupos pro-esclavistas y los abolicionistas pelearon por el control del territorio antes de que se convirtiera en estado.
2. Kansas entró a la Unión como un estado libre.
3. La Ley Kansas-Nebraska permitió que los residentes de un territorio decidieran si su estado entraría a la Unión como un estado libre o de esclavos.
4. Los dos hermanos mayores de Becky fueron a pelear en la Guerra Civil.
5. El nombre del capitán confederado era William Quantrill.
6. Estaba a favor de la esclavitud.
7. Los abolicionistas estaban en contra de la esclavitud.
8. En 1854, Becky y su familia se mudaron a Kansas.
9. Establecieron una granja cerca de Lawrence, Kansas.
10. John Brown fue el famoso abolicionista que dirigió ataques en Kansas.

Tarea con el mapa (página 37)

1. Tenía ese sobrenombre porque en Kansas crece mucho trigo.
2. Lawrence se encuentra al este de Topeka.
3. Se encontraron carbón y petróleo en Kansas.
4. Los estados vecinos de Kansas son Colorado, Oklahoma, Missouri, y Nebraska.
5. En Kansas se cultivan trigo y maíz.
6. En Kansas se crían ganado vacuno y cerdos.
7. El río Missouri esta al este de Kansas City, Kansas.
8. Topeka es la capital de Kansas.
9. El río Arkansas corre a través del oeste de Kansas.
10. Más trigo crece al oeste de Kansas.

La Guerra Civil (página 37)

1. Veinticuatro estados pelearon para la Unión.
2. Cinco estados esclavistas pelearon para la Unión.
3. Once estados pelearon para la Confederación.
4. No, Colorado no era un estado durante la Guerra Civil.
5. Oregon y California apoyaron a la Unión.
6. Kansas apoyó a la Unión.

Kentucky

Vocabulary (page 40)

1. neutral - impartial	6. emancipation - liberation
2. conflicting - opposing	7. dreary - cheerless
3. loyalties - allegiances	8. rations - provisions
4. misery - suffering	9. impure - dirty
5. horror - fear	10. decades - periods of ten years

Comprehension (page 40)
1. Abraham Lincoln was born in Kentucky.
2. The Civil War began at Fort Sumter in South Carolina.
3. Thomas joined the Union troops because he believed the United States should remain an undivided country.
4. Joseph joined the Confederate troops because he believed in slavery.
5. Their sister worked at a hospital caring for the many wounded and sick soldiers.
6. The Emancipation Proclamation freed the slaves in areas held by the Confederates.
7. The soldiers ate beans, bacon, dried meat, coffee, and hardtack.
8. Soldiers died mostly from diseases.
9. The Civil War ended in 1865.
10. The Civil War lasted four years.

Map Work (page 44)
1. Many horses are raised west of Lexington.
2. Kentucky is a leading producer of coal.
3. The Ohio River makes up Kentucky's northern border.
4. Frankfort is the capital of Kentucky.
5. The Appalachian Mountains run along the eastern edge of Kentucky.
6. Tobacco is used in the manufacturing of cigarettes.
7. Indiana, Illinois, Missouri, Tennessee, Virginia, West Virginia, and Ohio are Kentucky's neighbors.
8. Cattle is raised in Kentucky.
9. Corn and fruit are grown in Kentucky.
10. Tennessee is south of Kentucky.

The answer for Time Line on page 44 is on page 136.

Kentucky

Vocabulario (página 41)

1. neutral - imparcial	6. emancipación - liberación
2. en conflicto - opuesto	7. monótona - triste
3. lealtades - fidelidades	8. raciones - provisiones
4. miseria - sufrimiento	9. impura - sucia
5. horror - miedo	10. décadas - periodos de diez años

Comprensión (página 41)

1. Abraham Lincoln nació en Kentucky.
2. La Guerra Civil comenzó en Fort Sumter, en Carolina del Sur.
3. Thomas se unió a las tropas de la Unión porque creía que los Estados Unidos debían mantenerse como un país sin divisiones.
4. Joseph se unió a las tropas Confederadas porque él creía en la esclavitud.
5. Su hermana trabajó en un hospital cuidando a los muchos soldados heridos y enfermos.
6. La Proclamación de la Emancipación liberaba a los esclavos en las áreas en poder de los Confederados.
7. Los soldados comían frijoles, tocino, carne seca, café y galletas (bizcochos planos y secos).
8. Los soldados morían principalmente por las enfermedades.
9. La Guerra Civil terminó en 1865.
10. La Guerra Civil duró cuatro años.

Tarea con el mapa (página 45)

1. Muchos caballos se crían al oeste de Lexington.
2. Kentucky es un productor importante de carbón.
3. El río Ohio forma el límite norte de Kentucky.
4. Frankfurt es la capital de Kentucky.
5. Las Montes Apalaches corre a lo largo del límite este de Kentucky.
6. El tabaco se utiliza en la fabricación de cigarros.
7. Los estados vecinos de Kentucky son Indiana, Illinois, Missouri, Tennessee, Virginia, West Virginia, y Ohio.
8. Se cría ganado vacuno en Kentucky.
9. Se cultivan maíz y fruta en Kentucky.
10. Tennessee está al sur de Kentucky.

La respuesta para el cronograma en la página 45 está en la página 137.

Louisiana

Vocabulary (page 48)

1.	musicians - people who play musical instruments	6.	prosperity - economic well-being
2.	tenement - apartment	7.	speakeasies - places where alcoholic beverages were sold illegally
3.	improvisations - impromptus	8.	commodities - merchandise
4.	phonographs - record players	9.	Charleston - dance
5.	Model T - car	10.	illegal - unlawful

Comprehension (page 48)

1. Sidney lived in New Orleans, Louisiana.
2. He and his dad played the trumpet.
3. His uncle played the clarinet and saxophone.
4. They had played with Louis Armstrong.
5. The 1920's became known as the Jazz Age.
6. Radios and phonographs helped make jazz popular.
7. Sidney's uncle bought a Model T.
8. Sidney and his uncle went to Harlem in New York.
9. The National Prohibition Act prohibited the manufacture, transportation, and sale of alcoholic beverages.
10. Sidney found Harlem exciting at night because of the music, the dancing, and the fashions.

Map Work (page 52)

1. The Mississippi River runs through Louisiana.
2. Baton Rouge is the capital of Louisiana.
3. Shrimp, oysters, and fish are found off the coast of Louisiana.
4. The Sabine River runs between Texas and Louisiana.
5. New Orleans is next to the Mississippi River.
6. Texas, Arkansas, and Mississippi are Louisiana's neighbors.
7. Oil and natural gas are found in Louisiana.
8. Soybeans and sugar cane are grown in Louisiana.
9. Shreveport is in the northwest corner.
10. More forests are found in northern Louisiana.

Who's Who (page 52)

1. Bessie Smith became one of the world's most famous jazz and blues singers.
2. Duke Ellington played a significant role in the history of jazz.
3. Babe Ruth was the best known baseball player of the 1920's.
4. Louis Armstrong was a famous jazz singer and trumpeter.
5. Henry Ford made an inexpensive automobile.
6. Ernest Hemingway was a famous author who served in WWI.

Louisiana

Vocabulario (página 49)

1. músicos - gente que toca instrumentos musicales	6. prosperidad - bienestar económico
2. vecindades - departamentos	7. tabernas clandestinas - lugares donde se vendían bebidas alcohólicas ilegalmente
3. improvisaciones - impromptus	8. mercaderías - mercancías
4. fonógrafos - tocadiscos	9. Charleston - baile
5. Modelo T - carro	10. ilegal - ilícito

Comprensión (página 49)
1. Sidney vivió en New Orleans, Louisiana.
2. Él y su papá tocaban la trompeta.
3. Su tío tocaba el clarinete y el saxofón.
4. Ellos habían tocado con Louis Armstrong.
5. Los 1920 se llegaron a conocer como la Época del Jazz.
6. El radio y el fonógrafo hicieron que el jazz fuera popular.
7. El tío de Sidney compró un Modelo T.
8. Sidney y su tío fueron al Harlem, en Nueva York.
9. La Ley de Prohibición Nacional prohibió la fabricación, transporte y venta de bebidas alcohólicas.
10. Sidney encontró que el Harlem era emocionante por las noches por la música, el baile y la moda.

Tarea con el mapa (página 53)
1. El río Mississippi corre a través de Louisiana.
2. Baton Rouge es la capital de Louisiana.
3. Se encuentran camarón, ostras, y pesca en la costa de Louisiana.
4. Río Sabine corre entre Louisiana y Texas.
5. New Orleans se encuentra junto al río Mississippi.
6. Los estados vecinos de Louisiana son Texas, Arkansas, y Mississippi.
7. Se encontraron petróleo y gas natural en Louisiana?
8. Se cultivan soya y caña de azúcar en Louisiana.
9. Shreveport se encuentra en la esquina noroeste.
10. Hay más bosques en el norte de Louisiana.

Quién era quien (página 53)
1. Bessie Smith se convirtió en uno de los cantantes de jazz y blues más famosos del mundo.
2. Duke Ellington fue un famoso director de banda que tuvo un papel importante en la historia del jazz.
3. Babe Ruth fue el jugador de béisbol mejor conocido de los 1920.
4. Louis Armstrong fue un famoso cantante y trompetista de jazz?
5. Henry Ford hizo un automóvil que no fue caro.
6. Ernest Hemingway fue un famoso autor que prestó servicio en la Primera Guerra Mundial.

Maine

Vocabulary (page 56)

1.	EPA - Environmental Protection Agency	6.	aquatic - growing in or on water
2.	pollutants - things that pollute	7.	amended - changed or modified
3.	emit - give off	8.	plankton - microscopic animal and plant life in a body of water
4.	absorb - soak up, consume	9.	vividly - clearly
5.	devastating - harmful	10.	virtually - practically

Comprehension (page 56)

1. The EPA was established in 1970.
2. The EPA was formed to establish standards of environmental quality.
3. Maine is covered with forests and the land is dotted with lakes and rivers.
4. In 1988, Alice worked for a cause to establish acid rain controls in the midwest.
5. Prevailing winds were carrying pollutants from coal-powered electric generating stations in the midwest and causing acid rain in Maine and other northeastern states.
6. Acid rain is when the oxides from burned fossil fuels combine with the moisture in the air.
7. Lakes absorb so much acid rain that they cannot support the aquatic life that provides food and nutrients for fish.
8. Acid rain destroys food crops and forests.
9. Alice helped get passed the Clean Air Act of 1990.
10. The Act called for a 50 percent reduction in the release of sulfur dioxide by the year 2000.

Map Work (page 60)

1. More potatoes are grown in northern Maine.
2. Canada is north of Maine.
3. New Hampshire is Maine's neighbor.
4. Fish and lobster are found off the coast of Maine.
5. Wood is used to make toothpicks.
6. Augusta is the capital of Maine.
7. Blueberries make a delicious pie.
8. Cows and poultry are raised in Maine.
9. The North Atlantic Ocean is east of Maine.
10. Maine produces maple syrup.

Fact or Opinion? (page 60)

1. O	4. O	7. O
2. O	5. F	8. F
3. F	6. O	9. F
		10. O

Maine

Vocabulario (página 57)

1. EPA - Agencia de Protección Ambiental	6. acuática - que crece o está en el agua
2. contaminantes - cosas que contaminan	7. reformara - cambiara o modificara
3. emiten - despiden	8. plancton - vida animal y vegetal microscópica en una zona de agua
4. absorber - embeber, consumir	9. vívidamente - claramente
5. devastadores - dañinos	10. virtualmente - prácticamente

Comprensión (página 57)

1. La EPA se estableció en 1970.
2. La EPA se formó para establecer normas de la calidad del medio ambiente.
3. Más de cuatro quintas partes de Maine están cubiertas con bosques, y la región está salpicada de lagos y ríos.
4. En 1988, Alice trabajó para una causa que establecía controles para la lluvia ácida en el medio oeste.
5. Los vientos dominantes estaban acarreando los contaminantes de las estaciones generadoras de energía eléctrica impulsadas por carbón del medio oeste, y provocando lluvia ácida en Maine y otros estados del noreste.
6. La lluvia ácida es cuando los óxidos de los combustibles fósiles quemados se combinan con la humedad del aire.
7. Los lagos absorben tanta lluvia ácida que no pueden sustentar la vida acuática que proporciona alimento y nutrientes para los peces.
8. La lluvia ácida destruye los cultivos de alimentos y los bosques.
9. Alice ayudó a aprobar la Ley del Aire Limpio de 1990.
10. La Ley requiere una reducción del 50 por ciento en la emisión de dióxido de sulfuro para el año 2000.

Tarea con el mapa (página 61)

1. Más papas crece en el norte de Maine.
2. Canadá está al norte de Maine.
3. Nueva Hampshire es el estado vecino de Maine.
4. Se encuentran pesca y langostas en la costa de Maine.
5. La madera se utiliza para hacer los palillos de dientes.
6. Augusta es la capital de Maine.
7. Los arándanos se hacen un pastel delicioso.
8. En Maine se crían aves de corral y vacas.
9. El Océano Atlántico Norte está al este de Maine.
10. Maine produce jarabe de arce.

¿Hecho u opinión? (pagina 61)

1. O	4. O	7. O
2. O	5. F	8. F
3. F	6. O	9. F
		10. O

Maryland

Vocabulary (page 64)

1. merchant - shopkeeper	6. patriots - people who are loyal to their country
2. British - English	7. brig - ship
3. parliament - council	8. delegates - representatives
4. colonists - early settlers	9. abandoned - deserted
5. debt - a state of owing	10. independence - freedom

Comprehension (page 64)

1. England passed the Stamp Act in 1763.
2. The Stamp Act required the colonists to buy an official stamp whenever they purchased legal documents, newspapers and playing cards.
3. England was suffering from debt as a result of years at war.
4. Patriots were responsible for the burning of the *Peggy Stewart.*
5. Colonists were angry about England's tax on tea.
6. In 1775, fighting broke out between the British and colonists.
7. The minutemen were volunteers ready to serve their country at a moment's notice.
8. The Declaration of Independence was signed in 1776.
9. The Declaration of Independence declared the colony's independence from England.
10. The American Revolution was officially over in 1783.

Map Work (page 68)

1. Oysters and clams are found in the Chesapeake Bay.
2. The Potomac River runs along the west side of Washington, D.C.
3. Annapolis is the capital of Maryland.
4. Maple syrup is found in western Maryland.
5. Washington, D.C. is the capital of the United States.
6. Pennsylvania, West Virginia, Virginia, and Delaware are Maryland's neighbors.
7. The Atlantic Ocean borders part of Maryland.
8. Soybeans and fruit are grown in Maryland.
9. Baltimore is north of Annapolis.
10. Poultry is raised in Maryland.

Who's Who (page 68)

1. Molly Pitcher fought in the American Revolution.
2. George Washington was the first President of the United States of America.
3. Thomas Jefferson was the third President of the United States.
4. General Cornwallis surrendered at Yorktown.
5. Benjamin Franklin convinced the French to aid the United States.

Maryland

Vocabulario (página 65)

1. comerciante - tendero	6. patriotas - gente leal a su país
2. británico - inglés	7. bergantín - barco
3. parlamento - consejo	8. delegados - representantes
4. colonos - primeros pobladores	9. abandonaron - desertaron
5. deuda - una situación donde se debe	10. independencia - libertad

Comprensión (página 65)

1. Inglaterra aprobó la Ley del Sello en 1763.
2. La Ley del Sello requería que los colonos compraran un sello oficial siempre que adquirieran documentos legales, periódicos, e inclusive cartas.
3. Inglaterra sufría por su deuda como resultado de los años en guerra.
4. Los patriotas fueron responsables de quemar el *Peggy Stewart*.
5. Los colonos estaban enojados por el impuesto de Inglaterra sobre el té.
6. En 1775, estalló la pelea entre los Británicos y los colonos.
7. Los milicianos eran voluntarios listos para servir a su país en cuanto se les avisara.
8. Se firmó la Declaración de Independencia en 1776.
9. La Declaración de Independencia declaraba la independencia de las colonias de Inglaterra.
10. La Revolución americana terminó oficialmente en 1783.

Tarea con el mapa (página 69)

1. En la bahía de Chesapeake se encuentran ostras y almejas.
2. El río Potomac corre a lo largo del oeste de Washington, D.C.
3. Annapolis es la capital de Maryland.
4. Se encuentra jarabe de arce en el oeste de Maryland.
5. Washington, D.C. es la capital de los Estados Unidos.
6. Pennsylvania, West Virginia, Virginia, y Delaware son los vecinos de Maryland.
7. El Océano Atlántico limita una parte de Maryland.
8. Se cultivan soya y fruta en Maryland.
9. Baltimore está al norte de Annapolis.
10. En Maryland se crían aves de corral.

Quién era quien (página 69)

1. Mary Pitcher fue una famosa mujer que peleó en la Revolución americana.
2. George Washington fue el primer Presidente de los Estados Unidos de América.
3. Thomas Jefferson fue el tercer Presidente de los Estados Unidos.
4. General Cornwallis se rindió en Yorktown.
5. Benjamin Franklin convenció a los franceses para que ayudaran a los Estados Unidos.

Massachusetts

Vocabulary (page 72)

1. vessel - boat	6. dwellings - homes
2. privacy - a place to be by oneself	7. scurvy - a disease caused by lack of fresh fruit
3. ill - sick	8. pneumonia - a disease of the lungs
4. stench - awful smell	9. bountiful - abundant
5. harbor - port	10. fowl - bird

Comprehension (page 72)

1. Sara set sail for the "New World" on September 16, 1620.
2. She and her family left England because King James I did not permit freedom of religion.
3. The name of their boat was the *Mayflower*.
4. They crossed the Atlantic Ocean.
5. They ate hard biscuits, cheese, and salted beef or fish.
6. They named it Plymouth Rock in honor of Plymouth, England, the harbor from which they had sailed.
7. Sarah's brother and father died from pneumonia.
8. More than half of the hundred Pilgrims died that first winter.
9. The Native Americans helped the Pilgrims.
10. Pilgrims and Native Americans attended the first Thanksgiving.

Map Work (page 76)

1. Boston is the capital of Massachusetts.
2. Nantucket and Martha's Vineyard are two islands that are part of Massachusetts.
3. New Hampshire, Vermont, New York, Connecticut, and Rhode Island are Massachusetts' neighbors.
4. Cape Cod is in eastern Massachusetts.
5. Boston is along the coast of the Atlantic Ocean.
6. Dairy cows, cattle, and poultry are raised in Massachusetts.
7. Maple syrup is produced in Massachusetts.
8. Salem is in northern Massachusetts.
9. New York is along the western border of Massachusetts.
10. Plymouth is on the west side of Cape Cod Bay.

The answer for Time Line on page 76 is on page 136.

Massachusetts

Vocabulario (página 73)

1. velero - barco	6. viviendas - casas
2. privacidad - lugar para estar consigo mismo	7. escorbuto - enfermedad provocada por la falta de fruta fresca
3. enfermos - indispuestos	8. pulmonía - enfermedad de los pulmones
4. hedor - muy mal olor	9. abundante - copioso
5. puerto - bahía	10. aves - pájaros

Comprensión (página 73)

1. Sarah se embarcó para el "Nuevo Mundo" el 16 de septiembre de 1620.
2. Ella y su familia dejaron Inglaterra porque el Rey James I no permitía la libertad de culto.
3. El nombre del barco era el *Mayflower*.
4. Cruzaron el Océano Atlántico.
5. Comían bizcochos duros, queso, y carne de res salada o pescado.
6. Lo nombraron Plymouth Rock en honor de Plymouth, Inglaterra, el puerto del que habían salido.
7. El hermano de Sarah y su padre murieron de pulmonía.
8. Más de la mitad de los cien Peregrinos murieron ese primer invierno.
9. Los americanos nativos ayudaron a los Peregrinos.
10. Los Peregrinos y los americanos nativos asistieron al primer Día de Gracias.

Tarea con el mapa (página 77)

1. Boston es la capital de Massachusetts.
2. Isla de Nantucket y Martha's Vineyard son dos islas que forman parte de Massachusetts.
3. Nueva Hampshire, Vermont, Nueva York, Connecticut, y Rhode Island son los vecinos de Massachusetts.
4. Cape Cod está al este de Massachusetts.
5. Boston está a lo largo de la costa del Océano Atlántico.
6. En Massachusetts se crían aves de corral, ganado vacuno, y vacas lecheras.
7. En Massachusetts se produce jarabe de arce.
8. Salem se encuentra en el norte de Massachusetts.
9. New York se encuentra en el límite oeste de Massachusetts.
10. Plymouth se encuentra por el lado oeste de la bahía Cape Cod.

La respuesta para el cronograma en la página 77 está en la página 137.

Michigan

Vocabulary (page 80)

1.	repairing - fixing	6.	affordable - not too costly
2.	machinist - mechanic	7.	production - output
3.	board - meals	8.	conveyor - carrier
4.	shed - shack	9.	mass - quantity
5.	revenue - money, capital	10.	inexpensively - cheaply

Comprehension (page 80)

1. Henry was born near Detroit, Michigan.
2. Henry was born in 1863.
3. Henry enjoyed fixing watches, repairing tools, and taking apart and rebuilding toys.
4. Henry built his first car in 1896.
5. Henry started the Ford Motor Company in 1903.
6. The name of the famous car was the Model T.
7. Henry developed the assembly line to speed up production.
8. Henry shortened the ten hour workday to eight and doubled the workers' pay.
9. Conveyor belts brought the job to the workers. Each worker did the same job all day.
10. The last Model T was built in 1927.

Map Work (page 84)

1. Wisconsin, Indiana, and Ohio are Michigan's neighbors.
2. Copper, iron ore, and stone are found in the northern region.
3. Canada borders a section of Michigan.
4. Lake Superior, Lake Huron, Lake Michigan, and Lake Erie are four of the five Great Lakes.
5. Lansing is the capital of Michigan.
6. Detroit is next to Lake Erie.
7. Saginaw Bay is shown on the map.
8. Many fruit trees are grown along the western border.
9. Oil and natural gas are found in Michigan.
10. Potatoes are grown in Michigan.

Pie Chart (page 84)

1. 18% of the cars were Fords.
2. General Motors, Ford, and Chrysler are the three leading American car manufacturers.
3. There were more foreign cars that day.
4. General Motors was the American manufacturer most represented that day.
5. More American made cars came in that day.

Michigan

Vocabulario (página 81)

1. reparar - arreglar	6. accesible - no muy costoso
2. maquinista - mecánico	7. producción - rendimiento
3. alimentación - comidas	8. transportadoras - portadoras
4. cobertizo - choza	9. masa - cantidad
5. ingreso - dinero, capital	10. poco caros - baratos

Comprensión (página 81)

1. Henry Ford nació cerca de Detroit, Michigan.
2. Henry Ford nació en 1863.
3. A Henry le gustaba arreglar relojes, reparar herramientas y desarmar y reconstruir juguetes.
4. En 1896, Henry construyó su primer carro.
5. Henry formó la Ford Motor Company en 1903.
6. El nombre del famoso carro fue el Modelo T.
7. Para acelerar la producción, Henry desarrolló la línea de ensamble.
8. Henry acortó el día de trabajo de sus fábricas de diez a ocho horas y duplicó el sueldo de los trabajadores.
9. Las bandas transportadoras llevaban el trabajo a los trabajadores. Cada trabajador hacía el mismo trabajo todo el día.
10. En 1927, se construyó el último Modelo T.

Tarea con el mapa (página 85)

1. Wisconsin, Indiana, y Ohio son los vecinos de Michigan.
2. Se encuentran cobre, hierro, y piedra en la región norte.
3. Canadá tiene frontera con una sección de Michigan.
4. Lago Superior, Lago Hurón, Lago Michigan, y Lago Erie son cuatro de los cinco Grandes Lagos.
5. Lansing es la capital de Michigan.
6. Detroit está junto al Lago Erie.
7. La bahía Saginaw se muestra en el mapa.
8. Muchos árboles frutales crecen a lo largo del límite oeste de Michigan.
9. Se encuentran petróleo y gas natural en Michigan.
10. Se siembran papas en Michigan.

Gráfica Circular (página 85)

1. 18% de los carros eran Ford.
2. General Motors, Ford, y Chrysler son los tres principales fabricantes de carros americano.
3. Ese día hubo más carros extranjeros.
4. General Motors fue el fabricante americano más representado ese día.
5. Ese día llegaron más carros Norteamericanos.

Minnesota

Vocabulary (page 88)

1. previous - prior	6. contaminated - unclean
2. saturated - soaked	7. barge - boat
3. soil - dirt	8. halt - stop
4. flooding - overflowing water	9. constant - continual
5. personal - individual	10. tributaries - adjoining rivers

Comprehension (page 88)

1. It had been a rainy year and her family had lost many of their crops.
2. Cindy lives near the Mississippi River.
3. Answers will vary.
4. The longest river in the United States is the Missouri River.
5. They filled a lot of sandbags.
6. Her sister's water was contaminated during the flooding.
7. Cindy's brother works on a barge.
8. Cindy enjoys fishing and hiking.
9. The Mississippi River begins in Minnesota.
10. The Mississippi River empties into the Gulf of Mexico.

Map Work (page 92)

1. The Mississippi River runs between Minneapolis and St. Paul.
2. St. Paul is the capital of Minnesota.
3. Canada is north of Minnesota.
4. The Red River makes up part of Minnesota's western border.
5. North Dakota, South Dakota, Iowa, and Wisconsin are Minnesota's neighbors.
6. Duluth is next to Lake Superior.
7. Barley and oats are grown in Minnesota.
8. Iron ore is found in Minnesota.

The Five Great Lakes (page 92)

1. Lake Superior, Lake Huron, Lake Erie, Lake Michigan, and Lake Ontario are the five Great Lakes.
2. Lake Ontario is the farthest east.
3. Lake Superior is the farthest north.
4. Lake Michigan is between Wisconsin and Michigan.
5. Lake Erie borders Ohio.

Minnestoa

Vocabulario (página 89)

1. anterior - previo	6. contaminada - sucia
2. saturada - empapada	7. barcaza - barco
3. tierra - barro	8. hacer alto - detenerse
4. inundaciones - aguas desbordadas	9. constantes - continua
5. personales - individuales	10. tributarios - ríos adyacentes

Comprensión (página 89)

1. Había sido un año lluvioso y su familia había perdido muchos de sus cultivos.
2. Cindy vive cerca del río Mississippi.
3. Las respuestas pueden variar.
4. El río más largo de los Estados Unidos es el río Missouri.
5. Llenaron muchos sacos de arena.
6. El agua de su hermana se contaminó durante la inundación.
7. El hermano de Cindy trabaja en una barcaza.
8. A Cindy le gusta pescar y escalar.
9. El río Mississippi comienza en Minnesota.
10. El río Mississippi desemboca en el Golfo de México

Tarea con el mapa (página 93)

1. El río Mississippi corre entre Minneapolis y St. Paul.
2. St. Paul es la capital de Minnesota.
3. Canadá está al norte de Minnesota.
4. El río Red forma parte del límite oeste de Minnesota.
5. Dakota del Norte, Dakota del Sur, Iowa, y Wisconsin son los vecinos de Minnesota.
6. Duluth se encuentra junto al Lago Superior.
7. En Minnesota se cultivan cebada y avena.
8. Se encuentra hierro en Minnesota.

Los Cinco Grandes Lagos. (página 93)

1. Los cinco Grandes Lagos son Lago Superior, Lago Hurón, Lago Erie, Lago Michigan, Lago Ontario.
2. El lago Ontario se encuentra más al este.
3. El lago Superior está más al norte.
4. El lago Michigan se encuentra entre Wisconsin y Michigan.
5. El lago Erie limita a Ohio.

Mississippi

Vocabulary (page 96)

1. sharecropper - farmer	6. yield - crop
2. plantations - farms	7. indebted - owing money
3. tenant - renter	8. era - period of time
4. ramshackled - dilapidated	9. literacy - reading and writing
5. fertilizer - manure	10. requirements - qualifications

Comprehension (page 96)

1. Joseph was not a slave after the Civil War.
2. Joseph became a sharecropper.
3. Many of the large plantations were divided into smaller farms.
4. Joseph did not own his farm.
5. Joseph's children did not go to school.
6. In the years when the harvest was small, Joseph could not pay all the bills.
7. It was a period to rebuild the war-torn south.
8. The 1870 Mississippi state constitution extended the right to vote to all male citizens.
9. Many whites did not want political and economic equality with former slaves.
10. The 1870 Mississippi state constitution was more democratic.

Map Work (page 100)

1. The Mississippi River makes up the western border of Mississippi.
2. Cotton grows along the western border of Mississippi.
3. Cattle and dairy cows are raised in Mississippi.
4. Tennessee, Arkansas, Louisiana, and Alabama are Mississippi's neighbors.
5. Fruit and corn are grown in Mississippi.
6. Oil is found in Mississippi.
7. The Mississippi River, Big Black River, and the Pearl River are shown on the map.
8. The Gulf of Mexico is south of Mississippi.
9. Natural gas is found in Mississippi.
10. Jackson is the capital of Mississippi.

The Mississippi River (page 100)

1. Ten states border the Mississippi River.
2. The Mississippi River empties into the Gulf of Mexico.
3. The Mississippi River begins in Minnesota.
4. Minnesota, Iowa, Missouri, Arkansas, and Louisiana have the Mississippi River as their eastern border.
5. Wisconsin, Illinois, Kentucky, Tennessee, and Mississippi have the Mississippi river as their western border.

Mississippi

Vocabulario (página 97)

1. aparcero - granjero	6. producción - cosecha
2. plantaciones - granjas	7. endeudaron - debían dinero
3. arrendatarios - inquilinos	8. era - periodo de tiempo
4. desvencijada - ruinosa	9. requerimientos - requisitos
5. fertilizante - abono	10. alfabetismo - leer y escribir

Comprensión (página 97)

1. Joseph no era esclavo después de la Guerra Civil.
2. Joseph se convirtió en aparcero.
3. Muchas de las grandes plantaciones se dividieron en pequeñas granjas.
4. Joseph no era propietario de su granja.
5. Los hijos de Joseph no iban a la escuela.
6. En los años en que la cosecha fue poca, Joseph no pudo pagar todas sus deudas.
7. Fue un periodo para reconstruir el sur desgarrado por la guerra.
8. La constitución del estado de 1870 extendía el derecho a votar a todos los ciudadanos varones.
9. Muchos blancos no querían la igualdad política y económica con los antiguos esclavos.
10. La constitución del estado de Mississippi de 1870 era más democrática.

Tarea con el mapa (página 101)

1. El río Mississippi forma el límite oeste de Mississippi.
2. Crece el algodón a lo largo del límite oeste de Mississippi.
3. En Mississippi se crían ganado vacunos y vacas lecheras.
4. Tennessee, Arkansas, Louisiana, y Alabama son vecinos de Mississippi.
5. Se cultivan fruta y maíz en Mississippi.
6. Se encuentra petróleo en Mississippi.
7. El río Mississippi, río Big Black, y río Pearl se muestran en el mapa.
8. El Golfo de México se encuentra al sur de Mississippi.
9. Se encuentra gas natural en Mississippi.
10. Jackson es la capital de Mississippi.

El Río Mississippi (página 101)

1. De diez estados es limite el río Mississippi.
2. Desemboca el río Mississippi en el Golfo de México.
3. El río Mississippi comienza en Minnesota.
4. Minnesota, Iowa, Missouri, Arkansas, y Louisiana tienen al río Mississipppi de su límite este.
5. Wisconsin, Illinois, Kentucky, Tennessee, y Mississippi tienen al río Mississippi de su límite oeste.

Missouri

Vocabulary (page 104)

1. fellows - young men	6. route - course
2. orphans - without parents	7. hostile - unfriendly
3. express - fast	8. ferry - take across in a boat
4. dedicated - devoted to a cause	9. transcontinental - extending across a continent
5. valuable - helpful	10. telegraph - wire communication

Comprehension (page 104)

1. The Pony Express was a 2,000 mile express mail service.
2. St. Joseph, Missouri was the eastern destination of the Pony Express.
3. The Pony Express began on April 3, 1860.
4. At a relay station, a rider changed horses. At a home station, the mail was given to a new rider.
5. A *mochila* was a leather saddlebag in which the mail was carried.
6. The Pony Express lasted 18 months.
7. They rode through bad weather and were chased by hostile people and animals.
8. The route took around ten days.
9. The Pony Express ended in October of 1861.
10. The journey was 2,000 miles.

Map Work (page 108)

1. Corn, soybeans, and wheat are grown in Missouri.
2. The Ozark Mountains are in southern Missouri.
3. Hannibal is next to the Mississippi River.
4. Jefferson City is the capital of Missouri.
5. Joplin is in the southwest corner of Missouri.
6. Coal is found in Missouri.
7. The Missouri River runs through Missouri.
8. St. Louis is next to the Mississippi River.
9. Iowa, Nebraska, Kansas, Oklahoma, Arkansas, Tennessee, Kentucky, and Illinois are Missouri's neighbors.
10. St. Joseph and Kansas City are next to the Missouri River.

The answer for Time Line on page 108 is on page 136.

Missouri

Vocabulario (página 105)

1. muchachos - jóvenes	6. ruta - curso
2. huérfanos - sin padres	7. hostiles - no amistosos
3. expreso - rápido	8. transbordarlos - cruzarlos a través de un barco
4. consagrado - dedicado a una causa	9. transcontinental - que se extiende a través de un continente
5. valioso - útil	10. telegráfica - comunicación por alambre

Comprensión   (página 105)

1. El Pony Express era un servicio de correo expreso de 2,000 millas.
2. St. Joseph, Missouri estaba el destino al este del Pony Express.
3. El Pony Express comenzó el 3 de abril de 1860.
4. En una estación de relevo, el jinete cambiaba de caballos. En una estación base, el correo se entregaba a un nuevo jinete.
5. Una *mochila* era una alforja de piel en la cual se llevaba el correo.
6. El Pony Express duró 18 meses.
7. Cabalgaban en mal tiempo y eran perseguidos por gente hostil y por animales.
8. La ruta tardaba alrededor de diez días.
9. El Pony Express terminó en octubre de 1861.
10. El viaje tenía 2,000 millas.

Tarea con el mapa (página 109)

1. En Missouri se cultivan maíz, soya, y trigo.
2. Las montañas Ozark se encuentran al sur de Missouri.
3. Hannibal se encuentra junto al río Mississippi.
4. Jefferson City es la capital de Missouri.
5. Joplin es la ciudad del rincón suroeste de Missouri.
6. Se encuentra carbón en Missouri.
7. El río Missouri corre a través de Missouri.
8. Se encuentra St. Louis junto al río Mississippi.
9. Iowa, Nebraska, Kansas, Oklahoma, Arkansas, Tennessee, Kentucky, e Illinois son los vecinos de Missouri.
10. St. Joseph y Kansas City están junto al río Missouri.

La respuesta para el cronograma en la página 109 está en la página 137.

Time Lines

The Civil War (page 44)

4/12/1861	1/1/1863	7/1-3/1863	11/19/1863	3/9/1864	11/8/1864	2/6/1865	4/9/1865	4/14/1865	5/26/1865
Confederate troops attack Fort Sumter.	Lincoln issues the Emancipation Proclamation.	Battle of Gettysburg ends in a Southern defeat and marks a turning point in the war.	Lincoln delivers the Gettysburg Address.	Grant becomes general in chief of the North.	Lincoln is reelected President.	Lee becomes general in chief of the South.	Lee surrenders to Grant.	Lincoln is assassinated.	Last Confederate troops surrender.

The Revolutionary War (page 76)

12/16/1773	4/18/1775	6/15/1775	6/17/1775	7/4/1776	12/25/1776	12/19/1777	2/6/1778	10/19/1781	4/15/1783
Bostonians dress up as Native Americans, raid British ships, and dump cargoes of tea overboard.	Paul Revere warns the minutemen in Lexington, Massachusetts that the British are coming.	Congress names George Washington commander in chief of the Continental Army.	British drive the Americans from Breed's Hill in the Battle of Bunker Hill near Boston, Massachusetts.	Declaration of Independence is adopted.	Washington leads his troops across the Delaware River on a stormy night.	Washington's army retires to winter quarters at Valley Forge.	United States and France sign an alliance.	British commander Major General Cornwallis' forces surrender at Yorktown, Virginia.	United States and Britain sign the final peace treaty in Paris.

Time Line (page 108)

1492	1620	1775-1783	1792	1860-1861	1865	1871	1877	1908	1911	1920's	1941-1945
Christopher Columbus lands in the "New World."	Pilgrims land at Plymouth Rock.	Revolutionary War	First Spanish mission built in California.	Pony Express delivers mail. Civil War begins.	Civil War ends. Reconstruction begins.	Great Fire of Chicago	Reconstruction ends.	First Model T is built.	First Indianapolis 500 Auto Race	Jazz Age	World War II

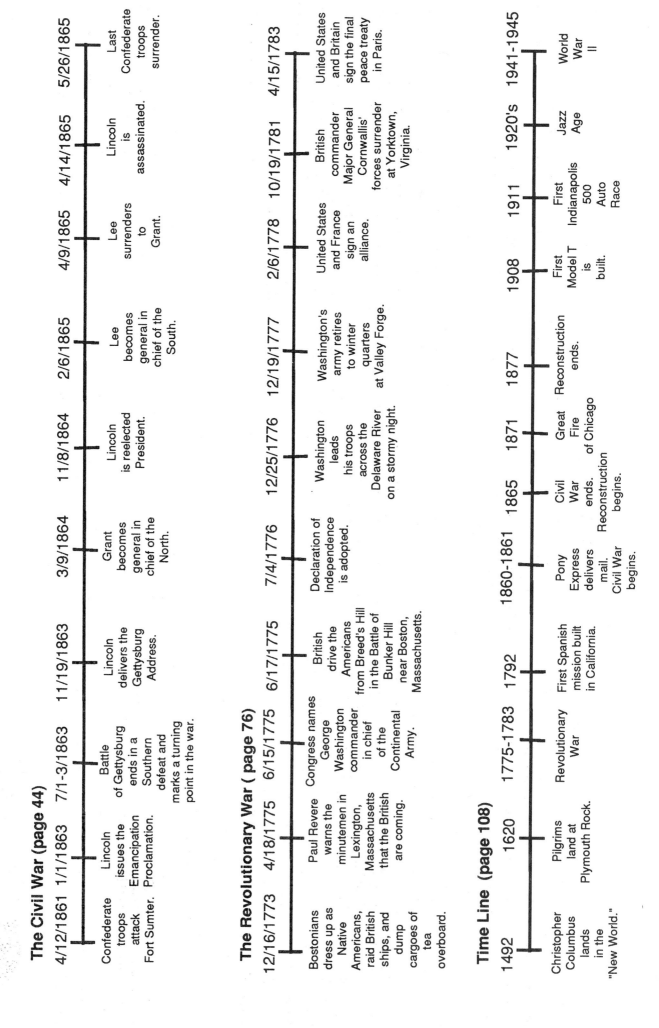

Cronogramas

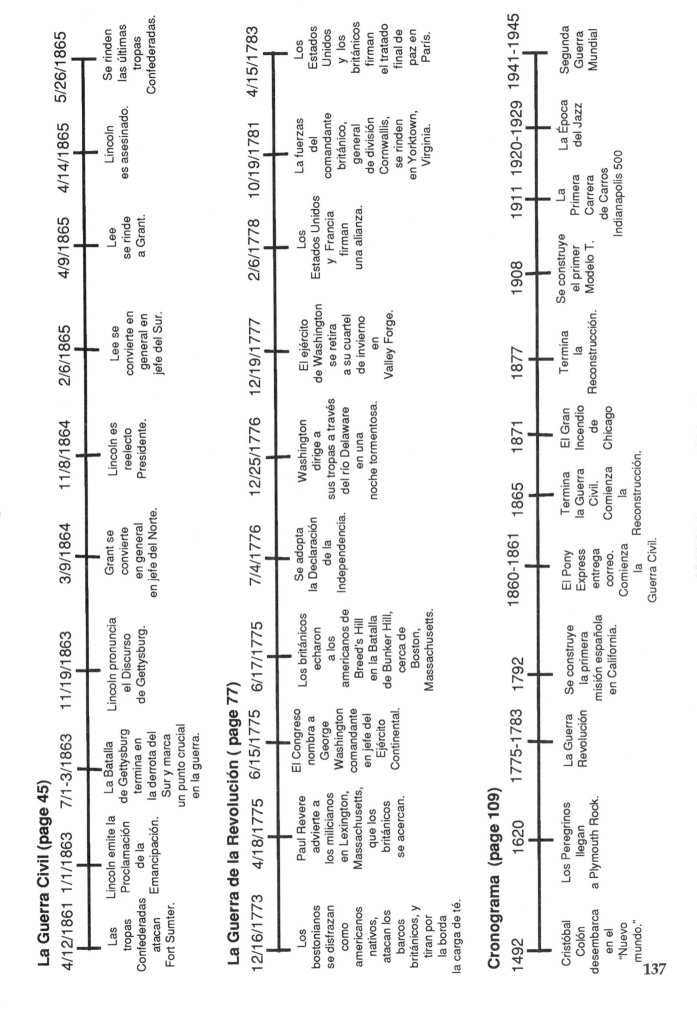

La Guerra Civil (page 45)

4/12/1861 — Las tropas Confederadas atacan Fort Sumter.

1/1/1863 — Lincoln emite la Proclamación de la Emancipación.

7/1-3/1863 — La Batalla de Gettysburg termina en la derrota del Sur y marca un punto crucial en la guerra.

11/19/1863 — Lincoln pronuncia el Discurso de Gettysburg.

3/9/1864 — Grant se convierte en general en jefe del Norte.

11/8/1864 — Lincoln es reelecto Presidente.

2/6/1865 — Lee se convierte en general en jefe del Sur.

4/9/1865 — Lee se rinde a Grant.

4/14/1865 — Lincoln es asesinado.

5/26/1865 — Se rinden las últimas tropas Confederadas.

La Guerra de la Revolución (page 77)

12/16/1773 — Los bostonianos se disfrazan como americanos nativos, atacan los barcos británicos, y tiran por la borda la carga de té.

4/18/1775 — Paul Revere advierte a los milicianos en Lexington, Massachusetts, que los británicos se acercan.

6/15/1775 — El Congreso nombra a George Washington comandante en jefe del Ejército Continental.

6/17/1775 — Los británicos echaron a los americanos de Breed's Hill en la Batalla de Bunker Hill, cerca de Boston, Massachusetts.

7/4/1776 — Se adopta la Declaración de la Independencia.

12/25/1776 — Washington dirige a sus tropas a través del río Delaware en una noche tormentosa.

12/19/1777 — El ejército de Washington se retira a su cuartel de invierno en Valley Forge.

2/6/1778 — Los Estados Unidos y Francia firman una alianza.

10/19/1781 — La fuerzas del comandante británico, general de división Cornwallis, se rinden en Yorktown, Virginia.

4/15/1783 — Los Estados Unidos y los británicos firman el tratado final de paz en París.

Cronograma (page 109)

1492 — Cristóbal Colón desembarca en el "Nuevo mundo."

1620 — Los Peregrinos llegan a Plymouth Rock.

1775-1783 — La Guerra Revolución

1792 — Se construye la primera misión española en California.

1860-1861 — El Pony Express entrega correo. Comienza la Guerra Civil.

1865 — Termina la Guerra Civil. Comienza la Reconstrucción.

1871 — El Gran Incendio de Chicago

1877 — Termina la Reconstrucción.

1908 — Se construye el primer Modelo T.

1911 — La Primera Carrera de Carros Indianapolis 500

1920-1929 — La Época del Jazz

1941-1945 — Segunda Guerra Mundial

137

Index

Índice

Other Books Available From **FISHER HILL**

ENGLISH for the SPANISH SPEAKER Books 1 & 2
For Ages 10 - Adult

SPANISH made FUN and EASY
For Ages 10 - Adult

HEALTH Easy to Read
For Ages 10-Adult

ENGLISH for the SPANISH SPEAKER Books 1 & 2 are English as a Second Language workbooks for ages 10 - adult. Each book is divided into eight lessons and is written in Spanish and English. Every lesson includes: vocabulary, conversation, a story, four activity pages, and an answer key. Each book contains two dictionaries: English-Spanish and Spanish-English; a puzzle section; and an index. Book size is 8 1/2 x 11. Book 1 has 100 pages. ISBN 1-878253-07-7. Book 2 has 110 pages. ISBN 1-878253-08-5. Each book is $12.95.

SPANISH made FUN and EASY is a workbook for ages 10 - adult. It includes stories, games, conversations, activity pages, vocabulary lists, dictionaries, and an index. This book is for beginning Spanish students, for people who want to brush up on high school Spanish, or for Spanish speakers who want to learn how to read and write Spanish. Book size is 8 1/2 x 11 and contains 134 pages. ISBN 1-878253-06-9; $14.95.

HEALTH Easy to Read For Ages 10-Adult contains 21 easy to read stories. After each story is a vocabulary page, a grammar page, and a question and answer page. The stories are about changing people's life styles to reduce their risk of poor health and premature death. Book size is 8 1/2 by 11 and has 118 pages. ISBN 1-878253-09-3; $12.95.

Order Form

FISHER HILL
P.O. Box 320
Artesia, CA 90702-0320

1. **By Phone**: call (800) 494-4652, 6:00 A.M. to 6:00 P.M. Pacific Time.
2. **By Fax**: fax your order to (562) 920-8128.
3. **By Mail**: send your order to Fisher Hill.

DATE _____

NAME _____

ADDRESS _____

CITY _____

PURCHASE ORDER NUMBER: _____

QUANTITY	ITEM	PRICE	TOTAL
	HEALTH Easy to Read ISBN 1-878253-09-3	$12.95	
	ENGLISH FOR THE SPANISH SPEAKER BOOK 1 ISBN 1-878253-07-7	$12.95	
	ENGLISH FOR THE SPANISH SPEAKER BOOK 2 ISBN 1-878253-08-5	$12.95	
	SPANISH MADE FUN AND EASY ISBN 1-878253-06-9	$14.95	
	UNITED STATES OF AMERICA BOOK 1 IN SPANISH AND ENGLISH	$14.95	
	UNITED STATES OF AMERICA BOOK 2 IN SPANISH AND ENGLISH (available 2/97)	$14.95	
	UNITED STATES OF AMERICA BOOK 3 IN SPANISH AND ENGLISH (available 7/97)	$14.95	
	UNITED STATES OF AMERICA BOOK 4 IN SPANISH AND ENGLISH (available 12/97)	$14.95	

TOTAL _____

Please add 8.25% for books shipped to CA addresses.

No Shipping Charge on Prepaid Orders.

TAX _____

SHIPPING _____

GRAND TOTAL _____

PAYMENT _____

BALANCE DUE _____